Trotzkopf außer Rand & Band

- der praktische Erziehungsratgeber

Wie Sie gelassen mit den Wut- und Gefühlsausbrüchen Ihres Kindes umgehen

- Erziehen ohne zu schimpfen

Ann-Kathrin Scholl

MUMMUM

MumMum-Verlag

Alle Ratschläge in diesem Buch wurden vom Autor und vom Verlag sorgfältig erwogen und geprüft. Eine Garantie kann dennoch nicht übernommen werden. Eine Haftung des Autors beziehungsweise des Verlags für jegliche Personen-, Sach- und Vermögensschäden ist daher ausgeschlossen.

ISBN: 978-3-96899-067-5
Alle Rechte vorbehalten, 1. Auflage 2021, MumMum-Verlag

Covergestaltung: Wolkenart – Marie-Katharina Becker, www.wolkenart.com
Covermotiv: © verkoka, Gelpi – Shutterstock.com

Motto

„KINDER SIND WIE BLUMEN – LIEBEVOLLER UMGANG LÄSST SIE AUFBLÜHEN."

INHALT

Einleitung

Vor nicht langer Zeit konnte ich im Park eine Szene beobachten. Eine junge Mutter spazierte durch die Allee und ihr etwa dreijähriger Sohn fuhr auf einem Laufrad hinter ihr her. Ein kleiner Spielplatz in der Nähe brachte die kleinen Kinderaugen zum Strahlen. Klares Ziel – der kleine Mann stoppte und lief voller Freude zu der Rutsche. Die Mutter rief ihn fordernd zurück und ging weiter, in der Hoffnung, dass ihr Sohn ihr hinterherläuft. Man hat ihr angesehen, dass sie unter Zeitdruck stand. Doch der Junge hatte nicht vor weiterzugehen. Zu groß wirkte die Anziehungskraft des Spielplatzes auf ihn. Die Mutter rief noch einmal. Keine Reaktion. Sie ging zum Spielplatz und packte ihren Sohn an der Hand. „Komm, wir müssen gehen!". Die Reaktion ihres Sohnes war absehbar. Mit dem ganzen Körper wehrte er sich gegen seine Mutter und schrie. Er wollte bleiben. Das Gesicht der Mutter wurde rot. „Ich sag's das letzte Mal, wir müssen weiter!". Die junge Mutter versuchte sich zu beherrschen. Was weiter passierte, können Sie sich wahrscheinlich denken. Beide verließen schreiend den Spielplatz.

Ich beschäftige mich schon seit vielen Jahren mit Pädagogik und Kinderpsychologie, jedoch empfand ich diese Situation als sehr belastend, sowohl für das Kind, als auch für die Mutter. Es geht auch anders, davon bin ich überzeugt. Wir sind alle Menschen und jeder von uns hat mal einen schlechten Tag. Es ist aber möglich, das Schimpfen auf ein Mindestmaß zu reduzieren, geduldiger zu sein und dem Kind gegenüber mehr Verständnis zu zeigen. Denn jedes Kind will nur eins – geliebt und verstanden werden.

In diesem Buch möchte ich Ihnen Wege aufzeigen, die ein harmonisches und verständnisvolles Miteinander ermöglichen. Sie erfahren die wichtigsten Grundlagen der physischen und psychischen Entwicklung Ihres Kindes und Sie lernen seine Gefühle und Bedürfnisse zu verstehen und mit Konflikten und Stresssituationen im Alltag besser umzugehen. Viele Tipps, Empfehlungen und Beispiele von Alltagssituationen zeigen Ihnen, wie Sie durch vernünftiges und konsequentes Verhalten Ihr Kind zu einer kreativen und verantwortungsvollen Persönlichkeit erziehen.

Ich wünsche Ihnen viel Freude beim Lesen, tolle Erkenntnisse und eine erfolgreiche Umsetzung. Und vergessen Sie nicht, Kinder sind das Wertvollste, was wir haben! Sie sind die Blumen unseres Lebens - liebevoller Umgang lässt sie aufblühen.

Ihre Ann-Kathrin Scholl

1. Erziehung ohne Schimpfen – wie funktioniert das?

Die Erziehung eines Kindes ist ein langer, nicht immer einfacher und reibungsloser Prozess, in dem die Eltern seine Persönlichkeit formen und ihm grundlegende Werte und Einstellungen für das Leben geben. Deshalb ist es wichtig, im gesamten Erziehungsprozess richtige Methoden anzuwenden und schlechte Erziehungsmethoden wie Schreien, Schimpfen und körperliche Bestrafung abzulehnen. Gute und liebevolle Erziehung ist die Basis für ein glückliches Leben. Und ich bin mit ganz sicher, dass alle Eltern sich wünschen, dass ihr Kind glücklich ist.

Nicht mit den Kindern zu schimpfen, ist für viele Eltern eine der schwierigsten Aufgaben. Vor allem dann, wenn sie unter Zeitdruck stehen oder beruflichem Stress ausgesetzt sind, können Kinder mit ihrem Verhalten die elterliche Geduldsblase schnell platzen lassen. In solchen Situationen ist es wichtig, sich unter Kontrolle zu halten, das Verhalten des Kindes zu verstehen und Geduld zu beweisen. Denn, wenn Sie Ihr Kind bestrafen, geben Sie ihm ein Verhaltensmodell vor und eröffnen einen endlosen Kreis negativer und verletzender Emotionen.

Wenn Sie die Ursache für ein bestimmtes Verhalten ihres Kindes erkennen, wird das Schimpfen in den Hintergrund rücken. Ihr Kind möchte Sie nicht ärgern, oft ist das Kind selbst überfordert und weiß nicht, wie es mit der Situation umgehen soll – ein Gefühlschaos entsteht.

2. Die Phasen kindlicher Entwicklung

Die Kindererziehung erfordert viel Geduld, Verständnis und Perspektivenwechsel. Warum enden bestimmte Situationen in Wutausbrüchen, Tränen und Aggressionen? Wenn Sie verstehen möchten, was sich hinter diesen Verhaltensweisen verbirgt und wie Sie die unnötigen Konflikte vermeiden können, ist es wichtig, die Entwicklung und die Funktionen der kindlichen Psyche zu verstehen.

Die Eltern haben einen enorm großen Einfluss auf die psychische Entwicklung ihres Kindes. Damit aus dem kleinen Menschen eine starke Persönlichkeit werden kann, ist es wichtig, dass die Eltern die Besonderheiten der psychologischen Mechanismen verstehen und die Welt aus der Perspektive ihres Kindes betrachten.

DIE WICHTIGSTEN ENTWICKLUNGSTHEORIEN AUF EINEN BLICK

Bisher gibt es keine einzige Theorie, die eine umfassende Vorstellung von der körperlichen und geistigen Entwicklung eines Kindes vermitteln kann. Um ein mehr oder weniger vollständiges Bild der Entwicklung, des Verhaltens und der Erziehung von Kindern zu erhalten, müssen wir uns mit verschiedenen Theorien vertraut machen.

Entwicklungstheorie von Sigmund Freud

Der Psychologe Sigmund Freud entwickelte eine Theorie zur Entwicklung der kindlichen Psyche. Laut Freud basiert jede Entwicklungsphase auf Sexualität. Dabei ist die Sexualität nicht als Zentrum der charakteristischen Beziehung zwischen Mann und Frau zu verstehen. Zuneigung, Nähe, Wärme, Bindung stehen im Mittelpunkt der kindlichen Entwicklung und ermöglichen ihm die Befriedigung seiner Bedürfnisse.

Der österreichische Psychologe identifizierte folgende **Stadien der psychosexuellen Entwicklung**. In jeder Phase konzentrieren sich die Interessen des Kindes auf ein bestimmtes Körperteil, das als Quelle des Vergnügens dient:

- **Orale Phase** (1. Lebensjahr) – Der Mund des Kindes ist die Hauptquelle der Befriedigung. Das Kind befriedigt seine Bedürfnisse beim Stillen oder Nuckeln an der Flasche. Alle Aktivitäten, die mit dem Mund vollbracht werden, wie Saugen oder Lutschen verursachen angenehme und positive Gefühle. In dieser Zeit wird die Mutter-Kind-Bindung aufgebaut und gestärkt. Störungen in der oralen Phase können sich negativ auf das Selbstwertgefühl auswirken.

- **Anale Phase** (2. bis 3. Lebensjahr) – Das Kind sammelt Erfahrung in der Kontrolle der Körperausscheidungen und erlebt die Befriedigung, in dem es seinen Körper zu kontrollieren lernt. Das Kind entdeckt sich langsam als eigenständige Person und lernt seinen Willen durchzusetzen. In dieser Zeit tritt meist die erste Trotzphase auf. Erfährt das Kind in der analen Phase negative Gefühle wie zum Beispiel das elterliche Schimpfen, wenn es nicht schnell genug trocken wird, können Störungen in der Sauberkeitsentwicklung entstehen.

- **Phallische Phase** (3. bis 6. Lebensjahr) – Das Kind entwickelt körperliches Interesse. Es untersucht seinen Körper und berührt die Genitalien. In dieser Zeit nehmen die Kinder bewusst wahr, dass Jungen und Mädchen sich unterscheiden. Treten in der phallischen Phase Störungen auf, können im Erwachsenenalter Komplexe auf der Sexualebene vorkommen.

- **Latente Phase** (7. bis 12. Lebensjahr) – Dieses Stadium ist gekennzeichnet durch eine Abnahme des sexuellen Interesses und eine Zunahme des Interesses an freundschaftlichen Beziehungen zu Gleichaltrigen.

- **Genitale Phase** (vom Beginn der Pubertät bis etwa 18. Lebensjahr) – Mit dem Eintritt der Pubertät entdeckt das Kind seine Sexualität, es bilden sich erste sexuelle Beziehungen. Diese Phase ist auch durch Rebellion geprägt. Die Jugendlichen versuchen sich von den Eltern abzugrenzen und eigenständig ihr Leben zu führen und sich durchzusetzen. Freud ist der Überzeugung, dass nur die Jugendlichen, die diese Phase vollkommen und bewusst durchlebt haben, sich zu verantwortungsbewussten und emotional starken Erwachsenen entwickeln können.

Jede Phase ist für eine gesunde Entwicklung essentiell und für die Bildung bestimmter Persönlichkeitsmerkmale verantwortlich. Die Manifestation dieser Eigenschaften hängt direkt vom Verlauf der Entwicklungsphase ab. Damit jede Phase erfolgreich verläuft, muss ein angemessenes Elternverhalten gegenüber dem Kind vorhanden sein. Sie dürfen nicht vergessen, dass jede Phase Neues für Ihr Kind mit sich bringt und Neugier, Scham, Gefühlsausbrüche nach sich ziehen kann.

Die Theorie nach Freud ist eine der wichtigsten Entwicklungstheorien und fokussiert sich auf die biologische Entwicklung, die selbstverständlich auch auf die menschliche Psyche eine Auswirkung hat. Es gibt jedoch eine Reihe anderer Theorien zur kindlichen Entwicklung, die ich für wichtig erachte und Ihnen kurz vorstellen möchte.

Psychoanalytische Theorie

Die Psychoanalytische Theorie fokussiert sich auf menschliche Emotionen und zwischenmenschliche Beziehungen. Einer der bekanntesten Vertreter dieser Theorie ist Eric Erickson. Das Gerüst der **psychosozia-**

len Persönlichkeitsentwicklung bilden folgende **acht Stadien:**

1. Urvertrauen/Misstrauen gegenüber der Außenwelt (1. Lebensjahr) – Das Kind erlebt eine Beziehung der Abhängigkeit, besonders zu seiner Mutter, die ihm ein vertrautes Gefühl und Geborgenheit schenkt. Durch diese enge Beziehung werden die wichtigsten Bedürfnisse des Kindes erfüllt. Zur Außenwelt verspürt das Kind ein Misstrauen und hat Angst, von der Mutter verlassen zu werden. Das Misstrauen können Sie leicht feststellen, indem Sie Ihr Kind in die Hände einer fremden Person geben. Eine große Anzahl der Kinder fühlt sich dabei sehr unwohl und beginnt zu weinen.

2. Gefühl der Unabhängigkeit/Schamgefühl (1. bis 3. Lebensjahr) – Das Kind lernt sich selbständig von einem Ort zum anderen zu bewegen und erlebt dadurch ein Gefühl der Autonomie. Es versteht, dass es ein eigenständiger Mensch ist und versucht seinen eigenen Willen durchzusetzen. Wird das Kind in der Durchsetzung gestört, protestiert es. Beispielsweise, wenn Sie es daran hindern, im Geschäft Süßigkeiten mitzunehmen. In der gleichen Phase entstehen auch die Schamgefühle. Die Kinder wollen nicht gesehen werden und verstecken sich oft hinter den Beinen der Eltern.

3. Initiative/Schuldgefühl (3. bis 5. Lebensjahr) – Die Kinder ergreifen die Initiative und probieren im Spiel unterschiedliche Rollen aus. Die Rollenspiele helfen den Kindern, sich zu identifizieren und ihr eigenes ICH zu finden. In dieser Phase ist es besonders wichtig, dass das Kind viel Aufmerksamkeit durch die Eltern erfährt. Bekommt es keine privilegierte Behandlung, kann es zu Angst und Schuldgefühlen führen.

4. Werksinn/Minderwertigkeitsgefühl (6. bis 11. Lebensjahre) – Zu Beginn der Einschulung beginnt für das Kind ein neuer Lebensabschnitt. Das Erlernen neuer Fähigkeiten und Aneignung von neuem Wissen stehen im Mittelpunkt dieser Phase. Das Kind bekommt Anerkennung für seine Leistung und erfährt ein Gefühl der Produktivität. Bekommt das Kind nicht genug Lob und Anerkennung, kann sich ein Minderwertigkeitsgefühl entwickeln.

5. Identität/Identitätsdiffusion (12. bis 18. Lebensjahr) – Die Kinder entwickeln ein Verständnis der Zugehörigkeit zu einem bestimmten Geschlecht und erlernen geschlechtsspezifische Verhaltensformen. Die körperlichen Veränderungen in dieser Lebensphase verursachen eine starke Persönlichkeitskrise. Die Jugendlichen zweifeln an allem, woran sie geglaubt haben. Die Zweifel und Unsicherheiten bewirken Gefühlsausbrüche und Rebellion. Diese Phase ist auch als Pubertät bekannt und lässt viele Eltern verzweifeln.

6. Intimität/Isolation (junge Erwachsene) – Der Wunsch nach intimen Beziehungen, das Gefühl der Fülle des Lebens durch berufliche und emotionale Verpflichtungen sowie der Wunsch nach Stabilität können die jungen Erwachsenen überfordern und zur Isolation führen.

7. Generativität/Stagnation (Erwachsene) – Im Erwachsenenalter entsteht das Verlangen, eine Familie zu gründen und für die nächste Generation zu sorgen. Wird dieses Bedürfnis nicht erfüllt, beginnt bei vielen Erwachsenen ein Stagnationsprozess. Es entsteht ein Gefühl der Machtlosigkeit, da man keinen Einfluss auf die Zukunft hat.

8. Integrität/Verzweiflung (alte Menschen) – Die letzte Lebensphase kann entweder ein positives oder ein negatives Gefühl hervorrufen. Dies ist davon abhängig, wie alle anderen Phasen im Leben verlaufen sind. An dieser Stelle wird deutlich, wie wichtig die Erziehung der Kinder ist. Denn alle Einstellungen und Werte, die Eltern dem Kind anerziehen, haben eine Auswirkung auf alle Lebensphasen und hinterlassen am Ende des Lebens entweder ein Gefühl der Zufriedenheit oder der Verzweiflung.

Behaviorismus – die Verhaltenstheorie

John B. Watson, der als Begründer des Behaviorismus gilt, untersuchte das menschliche Verhalten im Zusammenhang mit der Umwelt. Dabei spielt das Innere des Menschen keine große Rolle und wird als „Black-Box“ angesehen.

Ein weiterer Vertreter der Verhaltenstheorie Burrhus F. Skinner leistete einen großen Beitrag zur praktischen Umsetzung der Theorie. Er behauptete, dass das menschliche Verhalten nur eine gelernte Reaktion auf bestimmte Reize ist. Beide Behavioristen betonen den Einfluss der Umwelt auf das Verhalten und die Entwicklung von Kindern. Diese Theorie ist in der Kindererziehung enorm wichtig. Denn das Familienleben und das Verhalten der Eltern bilden eine Umwelt, in der das Kind aufwächst. Ist diese Umwelt von Schimpfen und Schreien geprägt, wird das Kind das Verhalten der Eltern nachahmen und die gleichen Verhaltensmuster zeigen.

Humanistische Theorie

Eine weitere Theorie, die für eine gesunde Entwicklung essentiell ist, ist die humanistische Theorie von Abraham Maslow. Dabei wird der Mensch als ein einzigartiges Individuum und eine integrale Persönlichkeit, die nach Selbstverwirklichung strebt, beschrieben. Nach dieser Theorie hat jeder Mensch einen Motivationsansatz, der ihm hilft, seine **Bedürfnisse auf fünf Ebenen zu erfüllen**:

- Überleben oder biologische Bedürfnisse
- Sicherheit und Vertrauen in die Zukunft
- Liebe und Zugehörigkeit zu einer bestimmten sozialen Gruppe (sozialer Status)
- Selbstachtung
- Selbstverwirklichung.

Durch Schreien und verbale Gewalt können Eltern Störungen auf allen Ebenen auslösen. Dies hat zur Folge, dass die Bedürfnisse nicht befriedigt werden und keine gesunde Entwicklung stattfinden kann. Schenken die Eltern ihrem Sprössling Liebe, Zuneigung und Unterstützung in allen Lebenslagen, wird aus dem Kind ein kreativer, selbstbewusster und unabhängiger Mensch werden.

TROTZPHASEN – DIE GROßEN KRISEN DER KLEINEN MENSCHEN

Kinder sind individuell und entwickeln sich nicht immer gleich. Es gibt ruhige Perioden und die sogenannten kritischen Phasen – die Trotzphasen. Diese Zeitabschnitte beschreiben bestimmte Entwicklungsphasen, die Kinder ab dem zweiten Lebensjahr mit unterschiedlicher Intensität durchlaufen. Während dieser Phasen ändert sich das Verhalten des Kindes. Es testet, wie weit sein Handlungsspektrum gehen kann und reagiert auf Widerstand mit Rebellion, die sich verbal und körperlich äußern kann.

Während der Trotzphasen verändern sich bei vielen Kindern unterschiedliche Persönlichkeitsmerkmale. Die Ursache dafür ist ein revolutionärer, stürmischer und intensiver Ablauf der Ereignisse in Form von schnellen physischen und psychischen Veränderungen.

Folgende Punkte sind typisch für kritische Phasen:

- In Trotzphasen haben die Eltern die schwierige Aufgabe, die Kinder zu erziehen. Diese Zeit ist geprägt durch Trotz, Hartnäckigkeit, Zunahme der Anzahl von Konflikten und oft auch von einem Rückgang der schulischen Leistung. Die Eltern haben das Gefühl, ihr eigenes Kind nicht mehr zu erkennen.

- Die Grenzen zwischen Beginn und Ende der Trotzphase und den angrenzenden Perioden sind äußerst vage. Die Trotzphase tritt unmerklich auf und es ist nicht einfach, den Zeitpunkt ihres Beginns und des Endes zu bestimmen. Ein Höhepunkt des extremen Verhaltens wird meist in der Mitte der Trotzphase erreicht.

- Besonders in den Trotzphasen haben Eltern das Gefühl, über sich die Kontrolle zu verlieren, viel zu schimpfen und zu schreien. Durch solch ein Verhalten verschärft sich die Situation noch mehr – ein Teufelskreis beginnt.

Trostpflaster: Die Trotzphasen sind vorübergehender Natur, das heißt, sie bleiben nicht ewig in dieser Form bestehen. Diese Erkenntnis ist für Eltern besonders wichtig. So ist an dem Spruch: *„Es ist nur eine Phase"*, etwas Wahres dran. Was genau hinter den Trotzphasen und den dazugehörigen Gefühlsausbrüchen steckt, erfahren Sie im fünften Kapitel.

3. Was passiert, wenn man zu viel mit Kindern schimpft?

Als verbale Gewalt könnte man das Schimpfen durchaus bezeichnen. Die Anwendung verbaler Bestrafung wie das Schreien und Schimpfen hat viele gravierende Folgen für den Selbstwert und die Persönlichkeitsentwicklung der Kinder. Denn Schimpfen führt zu negativen Emotionen. So reagiert selbst das gutmütigste und schüchternste Kind im Laufe der Zeit unhöflich und aggressiv gegenüber den Eltern und auch anderen Mitmenschen, wenn es permanent mit erhobener Stimme erzogen wird.

In der Kindheit wird der Kern eines Menschen gebildet und die Grundlagen für die Kommunikation mit anderen Menschen gelegt. Wenn das Kind in dieser Zeit mit ständigem Schreien und Schimpfen konfrontiert ist, kann das dazu führen, dass es unter Minderwertigkeitskomplexen sowie Schamgefühl leidet und ein gestörtes Verhältnis zu seiner Umwelt entwickelt. Auch wenn das Ausmaß der Liebe der Eltern durch das Schimpfen meist nicht leidet, rüttelt die verbale Gewalt dennoch extrem an dem Familiengerüst. Zudem wird die vertrauensvolle Bindung zwischen Eltern und Kind gestört. Das Kind fühlt sich alleingelassen, denn die Person, der es vertraut hat, steht nicht zu ihm. Ein Kind sieht die Welt entweder weiß oder schwarz, gut oder schlecht, lieb oder böse. Für ein Kind sind es zwei klar getrennte Konzepte. Ältere Kinder versuchen, eine Unterscheidung einzuführen, z.B.: *„Heute bin ich ein bisschen schlecht und morgen werde ich gut sein."* Diese Unterscheidung erfolgt jedoch auf der Ebene der Logik, nicht auf der Ebene der Emotionen. Emotional nimmt ein Kind alles in Extremform auf: Es glaubt entweder, dass es jeder liebt oder dass die ganze Welt es hasst.

So nimmt das Kind das Gesagte auch anders auf als die Erwachsenen, nämlich wortwörtlich. Zudem beinhaltet das Schimpfen meist eine negative Bewertung des Kindes.

Beispiele:

Eltern sagen: *„Alle normalen Kinder machen so was nicht!"*
Kind interpretiert: *„Ich bin nicht normal."*

Eltern sagen: *„Was ist aus dir geworden?"*
Kind interpretiert: *„Ich bin schlecht, aus mir ist nichts geworden."*

Eltern sagen: *„Kannst du irgendwas gut machen?"*
Kind interpretiert: *„Ich bin zu nichts fähig."*

Versuchen Sie solche Sätze, die eine negative Bewertung Ihres Kindes beinhalten, zu vermeiden. Sonst kann es passieren, dass Ihr Kind Angstzustände und Unsicherheiten entwickelt, die sich auch negativ auf die Schule und die Beziehungen zu den Gleichaltrigen auswirken. Die Folgen könnten schlechte schulische Leistungen sein und die Einnahme einer Außenseiterrolle, die mit der Zeit zur Vereinsamung und Minderwertigkeitskomplexen führt.

4. Wie Kinder fühlen

Kinder entwickeln sich von Geburt an nicht nur körperlich und geistig, sondern auch emotional. Zudem ist jedes Kind einzigartig und reagiert auf unterschiedliche Situationen individuell. Die Reaktionen können in Inhalt und Intensität völlig verschieden sein. Diese Reaktionen haben einen großen Einfluss auf das Verhalten, die Anpassung und die allgemeine Lebensqualität der Kinder.

Zum Beispiel empfindet ein Kind eine schlechte Note als sehr schmerzhaft und ist für den Rest des Tages schlecht gelaunt, während ein anderes Kind damit locker umgeht und sich bemüht, beim nächsten Mal eine bessere Note zu bekommen.

Wenn Psychologen und Kinderärzte über die emotionale Entwicklung des Kindes sprechen, meinen sie die Erfahrung und das Erlernen der eigenen Emotionen durch das Kind, sein Verständnis der Ursachen und des Wirkungsmechanismus, das Erkennen seiner eigenen Gefühle und der Gefühle anderer Menschen sowie die Suche nach wirksamen Wegen, um Emotionen zu kontrollieren. Emotionale Entwicklung ist eine herausfordernde Aufgabe, die im Säuglingsalter beginnt und sich im Erwachsenenalter fortsetzt. Bei Säuglingen bestehen Emotionen hauptsächlich aus körperlichen Reaktionen (z. B. schnelles Atmen, Herzschlag) und Verhaltensweisen. Kleine Kinder weisen bereits einfache Emotionen wie Freude, Wut, Traurigkeit und Angst auf. Später entstehen komplexere Emotionen wie Schüchternheit, Verlegenheit, Scham, Schuld, Stolz und Empathie. Wenn ein Kind erwachsen wird und die unterschiedlichen Lebenssituationen erlebt, wird sein emotionales Innenleben komplexer. Mit der Zeit lernen Kinder, ihre Gefühle zu erkennen. Die emotionale Reaktion eines 10-Jährigen ist viel komplexer als die eines 3-Jährigen.

Beispiel:

Ein Kind nimmt einem 3-jährigen Jungen seinen Roller weg. Der kleine Mann wird wütend und fängt an zu schreien. Ein 10-Jähriges Kind hingegen würde in solch einer Situation gelassen reagieren: Entweder erlaubt er dem anderen Kind mit seinem Roller zu fahren, nimmt ihm den Roller wieder weg oder wendet sich an Erwachsene.

Die Ursache für die unterschiedliche Reaktion liegt nicht nur in der emotionalen Erfahrung des Kindes, sondern auch in der Entwicklung des menschlichen Gehirns, die wir im nächsten Abschnitt genauer unter die Lupe nehmen.

Entwicklung des menschlichen Gehirns

Das menschliche Gehirn – ein Wunderwerk der Natur. Bereits während der Schwangerschaft kann das kindliche Gehirn Informationen aufnehmen und verarbeiten. Die Anzahl der Synapsen ist jedoch gering und die Vernetzung der Nervenzellen funktioniert auf Sparflamme. Mit dem Alter nimmt die Anzahl der Synapsen rapide zu.

Ab dem 3. Lebensjahr kann das Kind auf sein Gedächtnis zurückgreifen und lernt somit aus seinen Erfahrungen. Mit etwa 4 Jahren fangen beide Gehirnhälften an, miteinander zu kommunizieren. Dies ermöglicht dem Kind, sich in andere Menschen hineinzuversetzen und Empathie zu empfinden. Rollenspiele sind in dieser Phase besonders wichtig und fördern die Vernetzung zwischen den beiden Gehirnhälften.

Ab dem 6. Lebensjahr kommt es zur Reifung des Stirnlappens. Dieser Entwicklungsschritt ermöglicht dem Kind, die eigenen Bedürfnisse zurückzustellen (Geduld) und seine Gefühle besser zu kontrollieren. Auch die Konzentrationsstärke, die für die Einschulung essentiell ist, nimmt in diesem Entwicklungsstadium bedeutend zu.

Ab dem 10. Lebensjahr wird die Funktionsweise des Gehirns optimiert. Synapsen, die nicht gebraucht werden, werden gelöscht und die oft benötigten Synapsen werden vermehrt genutzt. Um die Entwicklung vielseitig zu fördern und die Löschung der Synapsen zu verhindern, ist es in dieser Phase besonders wichtig, dem Kind unterschiedliche Erfahrungen zu ermöglichen.

In den nächsten Jahren vermehrt sich die graue Gehirnsubstanz. Räumliches Vorstellungsvermögen und die Verbesserung der sprachlichen Fähigkeiten sind die Folge.

Wie wird emotionale Erfahrung erworben?

Emotionale Fähigkeiten werden lebenslang erworben und beruhen auf zwischenmenschlicher Kommunikation und situativen Erfahrungen.
Die resultierende emotionale Entwicklung passiert jedoch im Kindesalter, dazu gehören:

- Körperliche Reaktionen (z. B. Herzfrequenz, Atmung, Hormonspiegel)
- Gefühle, die Kinder erkennen und benennen lernen
- Gedanken und Urteile in Bezug auf Gefühle
- Der Ausdruck von Emotionen, die durch Erfüllung der emotionalen Bedürfnisse (durch elterliche Liebe, Sicherheit, Akzeptanz usw.) beeinflusst werden
- Emotionale Verhaltenserfahrungen, die Kinder erworben und genutzt haben.

Unterschiedliche Emotionen zu kontrollieren und zu regulieren, ist für einige Kinder schwieriger als für andere. Dies kann an ihrem individuellen emotionalen Temperament liegen. Einige Kinder reagieren ruhig auf ein Ereignis, andere sind empfänglicher für Emotionen, zum Beispiel sehr sensible Kinder. Sie werden von Gefühlen überwältigt, können sich aufgrund vieler Reize kaum beruhigen und handeln daher häufig impulsiv. Es fällt ihnen schwer, ihre Reaktionen zu kontrollieren.

Wie unterschiedlich die Kinder auf Situationen reagieren können, zeigt folgendes **Beispiel**:

Mehrere Kinder spielen ein Brettspiel. Ein Mädchen versucht im Spiel seine Mitspieler zu täuschen. Die Kinder bekommen das mit und sagen: „Das ist nicht fair!" Für das Mädchen ist diese Situation besonders schlimm. Es kann seine Gefühle nicht unterdrücken, beginnt zu schreien und zu weinen.

Das Verhalten und die Reaktionen der Kinder auf bestimmte Situationen sind sehr individuell, genauso wie die Kinder selbst. Was hinter den Gefühlsausbrüchen wie Trotz, Wut und Trauer steckt, erfahren Sie im nächsten Kapitel.

5. Was steckt hinter Gefühlsausbrüchen?

Ein Paradox: Wenn die Erwachsenen schimpfen, wird es oft als normal angesehen. Egal, ob über einen Nachbar, einen Arbeitskollegen, die Regierung oder über einen langen Stau auf der Autobahn, geschimpft wird überall. Wenn jedoch ein Kind seinem Ärger Luft macht, wird gleich der strenge Zeigefinger erhoben.

Gefühlsausbrüche sind menschlich. Das ist Fakt. Die Erwachsenen können jedoch in der Regel ihre Gefühle gut kontrollieren. Ein Kind muss es erstmal lernen. Wut, Trauer, Angst und Scham, alle diese Gefühle sind wichtig und für eine gesunde Entwicklung essentiell.

Wut

Es ist wichtig zu verstehen, dass Wut eine enorm starke Energie ist. Und wenn einem Kind die Möglichkeit genommen wird, seine Wut zu erleben, kann es keine Energie verbrauchen und sammelt diese in sich, bis die große Blase irgendwann einmal platzt und die Situation in einem heftigen Gefühlsausbruch endet. Unterdrückte Wut ist zudem oft die Ursache für Depressionen, denn der Energieaustausch wird gestört, der Ärger wird im Inneren verdichtet, das Leben wird zur Last.

Außerdem ist Wut eine gesunde Reaktion. Wir werden wütend, wenn etwas passiert, was wir nicht erwartet haben und was nicht unseren Vorstellungen entspricht. Wir werden wütend, wenn etwas passiert, das wir völlig anders angesehen haben, wenn unsere Wünsche nicht erfüllt werden, wenn das Gefühl der Sicherheit verschwindet.

Wut gibt uns die Möglichkeit, unsere Wünsche zu verteidigen. Sobald der Mensch in der Gesellschaft sozialisiert wurde, lernt er zwar seine Wut zu kontrollieren und seine Bedürfnisse zurückzustellen, aber in bestimmten Lebenssituationen ist die Wut weiterhin wichtig.

Wie Sie merken, ist Wut gar nicht so schlecht und ist von der Natur aus gewollt. Warum fällt es dann den Erwachsenen so schwer, kindliche Wut zu verstehen und zu ertragen? Vielleicht, weil Eltern Angst haben, dass der Anschein einer schlechten Erziehung erweckt wird?

Trauer

Auch Trauer wird in der Erwachsenenwelt als normal angenommen. In der Welt der Kinder hat Trauer leider oft keinen Platz. Kinder haben jedoch ihre eigenen traurigen Momente, die nach den Maßstäben der Kinderwelt definiert werden. Ein Lieblingsspielzeug ging verloren, die schöne Pflanze auf der Fensterbank blüht nicht mehr, ein guter Freund ging nach Hause. All diese Verlustsituationen, die den Erwachsenen vielleicht unwichtig erscheinen, können bei den Kindern heftige Emotionen auslösen.

Aber auch schlechte Noten, Kindergartenwechsel, Umzug oder Schulstress sind häufige Ursachen für die kindliche Trauer.

Viele Eltern können die Traurigkeit des Kindes oft nicht akzeptieren. Denn ein weinendes Kind verursacht Schuldgefühle und trübt die Stimmung. Sie versuchen ihren Sprössling schnellstmöglich mit dem Versprechen: „Alles wird gut!“, zu beruhigen. Den Eltern fehlt jedoch oft das Verständnis dafür, dass es dem Kind genau in diesem Moment schlecht geht und dass das Alles-Gute-Versprechen erst in der Zukunft eintreten wird. Unterdrückte Tränen und Kummer können auf Dauer Depressionen auslösen und die Lebensqualität des Kindes enorm beeinträchtigen.

Angst

Angst ist eine ebenso natürliche Reaktion wie Wut und dient dem eigenen Schutz. Die kindliche Angst ist für die Eltern oft unvorstellbar. Denn es gibt sicherlich kein Monster im Schrank oder hinter den Vorhängen. Die kindliche Fantasie ist jedoch viel stärker ausgeprägt und so werden aus einfachen Schatten schnell böse Monster.

In unserer Gesellschaft herrscht die Meinung, dass es eine Schande ist, Angst zu haben – eine absolut falsche Einstellung. Auch die Unterscheidung zwischen Mädchen und Jungen ist absolut inakzeptabel. Es tut meinem Herzen weh, wenn ich sehe, dass die Akzeptanz der Angst bei Mädchen größer ist als bei den Jungen. Denn Angst ist schließlich nur das Gefühl, dass es etwas Bedrohliches gibt. Ein Erwachsener kann aufgrund seiner Lebenserfahrung gut einschätzen, in welchen Situationen die Angst unbegründet ist, ein Kind kann es noch nicht. Unterdrückte Angst kann zu chronischen Angstzuständen, Unsicherheiten und schließlich zu richtigen Phobien führen.

Schamgefühl

Nun kommen wir zu einem Gefühl, das die Eltern oft selbst fördern und zwar unbewusst. Wie oft haben Sie als Kind die Frage: „Schämst du dich eigentlich nicht?“, gehört? Wie oft sagen Sie diesen Satz zu Ihrem Kind? In unserer Gesellschaft ist Scham ein notwendiges und wichtiges Merkmal eines anständigen Menschen. Es wird angenommen, dass Scham uns hilft, ein besserer Mensch zu sein und uns positiv zu verändern.

Wenn man das Schamgefühl unter die Lupe nimmt, ist es eigentlich nur ein Gefühl des Schlechtseins. „Ich bin nicht gut, nicht klug, nicht gutaussehend, nicht mutig genug…“Möchten Sie so etwas tatsächlich Ihrem Kind sagen?

Die Eltern versuchen mit Hilfe von Schamgefühl, die Kinder zu manipulieren und zu erziehen. Wenn Sie, aufgrund einer schmutzigen Hose, dem Kind ins Gewissen reden, erhoffen Sie sich, dass es beim nächsten Mal mehr aufpasst. Nicht wahr? Leider bewirkt diese Erziehungsmethode oft das Gegenteil.

Vergleichen Sie:

„Die Hose ist wieder dreckig! Das nervt mich! Ich habe keine Lust, deine Hosen täglich zu waschen. Schäm dich dafür!"

oder

„Deine Hose ist wieder schmutzig geworden. Beim nächsten Mal passt du sicherlich ein bisschen mehr auf. Nicht wahr, Schatz? Magst du mir helfen, sie wieder sauber zu machen?"

Merken Sie den Unterschied?

DER ZUSAMMENHANG ZWISCHEN GEFÜHLSAUSBRÜCHEN UND DEN TROTZPHASEN

Die Fähigkeit, mit einer Vielzahl von Emotionen umzugehen, ist für das emotionale Wohlbefinden des Kindes von wesentlicher Bedeutung. Die Eltern spielen dabei eine wichtige Rolle. Ihre Aufgabe ist es, das Kind in seiner emotionalen Entwicklung zu unterstützen und ihm zu zeigen, wie es mit unterschiedlichen Emotionen umgehen kann. Den Höhepunkt der Gefühlsausbrüche erreichen die Kinder in den Trotzphasen. Warum das so ist, möchte ich Ihnen Im Folgenden erklären.

Die Krise der Neugeborenen (Geburt bis 1. Lebensjahr)

Die Neugeborenen-Krise kann man wohl schlecht als Trotzphase bezeichnen. Dies ist eher eine Stresssituation für das neugeborene Kind.

Diese Krise zeigt sich vor allem im Gewichtsverlust in den ersten Tagen nach der Geburt. Im ersten Lebensjahr verwenden Kinder ihre Stimme und Laute, um auf ihre Bedürfnisse aufmerksam zu machen. Dementsprechend zeigt ein weinendes Baby keine trotzige Reaktion und auch keinen Gefühlsausbruch, sondern die Sensibilisierung für die Bedürfnisse, die erfüllt werden müssen, um zu überleben.

Im Gegensatz zu einem älteren Kind mit einem Wutanfall müssen die Eltern bei dem Baby so schnell wie möglich auf das Verhalten reagieren. Eine schnelle Reaktion auf die Bedürfnisse des Neugeborenen stärkt die Bindung zwischen Eltern und Kind.

Die soziale Situation des Neugeborenen in dieser Phase ist spezifisch und wird durch zwei Merkmale bestimmt. Einerseits ist dies die völlige biologische Hilflosigkeit des Kindes, da es ohne einen Erwachsenen kein lebenswichtiges Bedürfnis befriedigen kann. Somit ist das Baby auf die soziale Interaktion angewiesen. Andererseits ist dem Kind, bei maximaler Abhängigkeit von Erwachsenen, noch nicht das grundlegende Kommunikationsmittel in Form von r Sprache gegeben. Erst am Ende des ersten Lebensjahres lernen Kinder, dass ihr Verhalten die Aktivitäten von Erwachsenen beeinflussen kann. Nun können sie gezielter schreien, um ihre Emotionen und Grundbedürfnisse auszudrücken.

Darüber hinaus werden gegen Ende des ersten Lebensjahres die ersten Proteste des Kindes zum Ausdruck gebracht. Wenn Sie beispielsweise Ihrem Kleinen ein Spielzeug wegnehmen, wird Ihr Kind anfangen zu weinen, weil sich die Situation gegen seinen Willen geändert hat. Dabei drückt das Weinen die Hilflosigkeit des kleinen Kindes aus.

Kleinkindliche Trotzphase im 2. Lebensjahr

Im Alter von zwei Jahren entwickelt sich bei den Kindern nach und nach ein eigener Wille. Wenn die Wünsche nicht mit der Meinung der Eltern übereinstimmen, kann dies zu Wut- und Schreianfällen führen. Denn mit zwei Jahren hat das Kind ein Entwicklungsstadium erreicht, in dem es eigene Ideen hat und diese auch durchsetzen und verwirklichen möchte.

Es beginnt zum ersten Mal zu verstehen, was es bedeutet, seinen eigenen Willen zu haben. Das Kind versteht bereits viel aus seiner Umgebung, kann sich aber noch nicht richtig verbal ausdrücken. In diesem Alter können sich Wutanfälle sehr schnell entwickeln. Da dem Kind noch die sprachlichen Fähigkeiten fehlen, macht es seine Wünsche durch Schreien, Weinen, Treten oder Schlagen in die Luft sichtbar. Es hat noch keine richtige Kontrolle über seine Emotionen und ist mit der Situation oft selbst überfordert. Ihre Aufgabe ist, das Kind in dieser Entwicklungsphase jederzeit zu unterstützen. Zeigen Sie Verständnis für seine Gefühle.

Trotzphase (3. bis 5. Lebensjahr)

Etwa ab dem dritten Lebensjahr wollen die kleinen Menschen autonom sein, selbstbewusst handeln und die Welt entdecken. Das Kind versteht und fühlt seine Umwelt bereits viel besser. Es versteht aber auch, dass die Eltern etwas nicht grundlos tun, sondern immer auf einem Motiv basierend.

Jedoch sind die kindlichen Motivationsbedürfnisse noch nicht so weit entwickelt. Durch eine aktive Teilnahme am Leben kann das Kind das Verständnis für die Motive des Handelns Schritt für Schritt erlangen. Da eine aktive Teilnahme in vielen Lebensbereichen für das Kind gefährlich ist, übt es unterschiedliches Handeln im Spiel. Deshalb sind die Rollenspiele in diesem Alter die Hauptaktivität des kindlichen Alltags. In Spielen modelliert das Kind die Welt der Erwachsenen und stellt Regeln auf, die in dieser Welt funktionieren. Es simuliert im Rollenspiel alltägliche Situationen und sammelt so die notwendige Erfahrung.

Auch die Sprachentwicklung läuft in dieser Phase auf Hochtouren. Im Alter zwischen 3 und 5 Jahren entwickelt sich die kindliche Sprachfähigkeit enorm. Mit etwa 4 Jahren beherrscht das Kind aktiv die Sprache und spricht immer mehr in vollständigen Sätzen. Diese enorme geistige Entwicklung überfordert viele Kinder. Daher kommt es besonders in diesem Alter häufig zu Trotzphasen. Manche Kinder durchleben mehrere kurze Trotzphasen, andere stecken in einer längeren Phase fest, die durch Trotz und Sturheit geprägt ist. Die Überforderung äußert sich oft in regelmäßigen Wutausbrüchen. In dieser Zeit können auch Ängste und Schamgefühle auftreten.

Einschulung (6. bis 7. Lebensjahr)

Im Alter zwischen 6 und 7 Jahren werden die meisten Kinder eingeschult und die Eltern versuchen ihren Sprössling zur Unabhängigkeit und Selbständigkeit zu erziehen. In dieser Phase werden auch die zwischenmenschlichen Beziehungen komplizierter und das Kind übernimmt immer mehr Verantwortung für unterschiedliche Bereiche in seinem Leben.

Der Schulbeginn kann bei einem Kind Ängste und Unsicherheiten verursachen. Die Kinder machen sich Sorgen, den Erwartungen der Eltern nicht gerecht zu werden. Diese Gefühle führen oft dazu, dass das Kind rebellisches Verhalten zeigt und sich gegenüber den Eltern frech benimmt. Das Kind gibt seinen Eltern unbewusst die Schuld für zu hohe Erwartungen, die gestellt werden. In dieser Zeit ist es besonders wichtig, für das Kind da zu sein und es zu unterstützen. Leider habe ich schon oft erleben müssen, dass die Eltern auf ihr frischgebackenes Schulkind schimpfen, wenn die Schule nicht so läuft, wie sie sich das vorgestellt haben. Dies ist kontraproduktiv und verschlimmert die gesamte Situation noch mehr.

Grundschulalter (7. bis 10. Lebensjahr)

Selbst wenn Ihr Kind die Vorschule besucht hat und bereits im Kindergartenalter überdurchschnittlich diszipliniert und selbständig war, verändert die Schule den Lebensalltag sehr. Der Lernstress, die neue Klasse und die ungewohnten Anforderungen haben eine starke Auswirkung auf das Verhalten und die Psyche des Kindes. Gleichzeitig vertreten viele Eltern die Meinung, dass ihr Schulkind nun groß ist und keine besondere emotionale Unterstützung benötigt. Jedoch beginnt für den frischgebackenen Schüler eine komplett neue Lebensphase, die mit vielen Emotionen verbunden ist.

Die Eltern sind nun nicht mehr die einzigen Autoritätspersonen im Leben des Kindes. Eine Lehrkraft tritt in das Beziehungssystem und stellt sich zwischen Eltern und Kind - ein fremder Erwachsener, der mit einer ausgeprägten Autorität ausgestattet ist.

Zum ersten Mal ist das Kind mit einem strengen Anforderungssystem konfrontiert und wird zum Gegenstand der Bewertung. Das neue Beziehungssystem kann in der kindlichen Seele nicht nur Unsicherheiten und Ängste verursachen. Auch ein rebellisches Verhalten gegen das System kann plötzlich auftreten.

Pubertät (11. bis 14. Lebensjahr)

Zwischen dem 11. und 14. Lebensjahr erleben die Kinder eine kritische Phase, an deren Probleme und Herausforderungen Sie sich wahrscheinlich aus der eigenen Jugend noch erinnern können. Einerseits erkennt der junge Mensch, dass er bereits kein Kind mehr ist, andererseits hat er noch nicht so viel Verantwortung wie ein Erwachsener. Der Jugendliche will zwar die kindliche Phase verlassen, ist aber geistig noch nicht für die neue Lebensphase bereit. Dies ist die Ursache für häufige Streitereien mit den Eltern, das Trotzverhalten sowie den Wunsch, stets und allem zu widersprechen. Aufgrund seines rebellischen Verhaltens verstößt der junge Mensch oft gegen Verbote.

Der Wunsch nach Unabhängigkeit seitens des Teenagers trifft häufig auf das Problem der Eltern, die sich nicht mit dem Gedanken anfreunden können, dass ihr Sprössling nun kein kleines Kind mehr ist und auch anders behandelt werden möchte. Die Reife des Kindes steht im Widerspruch zu dem elterlichen Verhalten. In dieser Phase ist das Verständnis für das Benehmen und die Rebellion des Kindes besonders wichtig. Denn als Jugendlicher beginnt der Mensch sich mehr Gedanken über sein zukünftiges Leben zu machen und Pläne zu schmieden. Der Teenager unternimmt konkrete Schritte, um seine Ziele zu erreichen. Diese Verhaltensweise ist für die Unabhängigkeit und menschliche Entwicklung enorm wichtig. Die Aufgabe der Eltern ist es, dafür zu sorgen, dass aus dem unerfahrenen Teenager ein zielstrebiger und selbstbewusster Mensch wird.

6. Welche Bedürfnisse hat Ihr Kind?

Kürzlich konnte ich eine Mutter mit einer etwa vierjährigen Tochter und einem Baby beobachten. Die Frau hielt ihr Baby auf dem Arm und das kleine Mädchen stand daneben und weinte. Zuerst ging die Mutter zu einem Bäcker, der sich in der gleichen Straße befand und kaufte ihrer Tochter eine Brezel. Geholfen hat die Brezel nicht, das Mädchen weinte weiter. Ihre Mutter zog ihr Smartphone aus der Tasche und wollte es der Tochter zum Spielen geben. Dann holte sie aus der Tasche alle Spielsachen, die sie dabeihatte. Aber das kleine Mädchen ließ sich einfach nicht beruhigen. Die Mutter hatte keine Geduld mehr und verlor langsam die Kontrolle. Als der Vater kam und seine Tochter liebevoll umarmte und zärtlich mit ihr über etwas sprach, hörte das Mädchen auf zu weinen. Es wurde sofort klar, dass sie keine Brezel, kein Smartphone und keine Spielsachen brauchte. Sie wollte nur die Bestätigung, dass ihre Eltern sie immer noch lieben.

Diese Situation kommt in vielen Familien vor. Wichtig ist, dass die Eltern verstehen, dass sich hinter Jammern und Weinen oft nur das Bedürfnis nach Liebe und Zuneigung verbirgt.

Was brauchen die Kinder wirklich? Mit dieser Frage beschäftigen wir uns in diesem Kapitel.

Es gibt unterschiedliche Bedürfnisse. Die biologischen Bedürfnisse nach Essen und Trinken sowie die emotionalen Bedürfnisse nach Liebe, Zuneigung und Akzeptanz. Viele Eltern verwechseln die Bedürfnisse mit den Wünschen des Kindes. Wenn wir uns die Situation mit dem weinenden Mädchen noch einmal anschauen: Die Mutter dachte, dass ihre Tochter den Wunsch hat, auch getragen zu werden. Dies war nicht möglich, weil sie in Ihren Armen bereits das kleine Geschwisterchen hielt.

Deshalb hat die Mutter versucht, die ältere Tochter anderweitig zu beruhigen. Die Mutter hat nicht verstanden, dass ihre Tochter das Bedürfnis nach Liebe und Zuneigung hatte. An dieser Stelle möchte ich einen Vergleich machen: Ein Kind ist wie ein Haus. Zunächst mag Ihnen dieser Vergleich seltsam vorkommen. Aber so lassen sich die Bedürfnisse des Kindes sehr gut beschreiben. Was braucht ein Haus, damit es robust und langlebig wird? Es braucht ein starkes Fundament und ein stabiles Gerüst, also gute tragende Wände, die ihm für die weiteren Jahre einen guten Stand ermöglichen. Genauso hat ein Kind wichtige Bedürfnisse, die ihm eine gesunde Entwicklung und ein glückliches Leben möglich machen. Welche Farbe die Wände im Haus haben, ist zunächst nicht wichtig, genauso wie nicht jeder kleinste Wunsch des Kindes erfüllt werden muss.

DIE WICHTIGSTEN BEDÜRFNISSE EINES KINDES

Bedürfnis nach Zuneigung

Wenn ein Kind auf die Welt kommt, ist es in dieser großen Welt ganz klein. Wenn wir unsere Welt mit einem riesigen Ozean vergleichen, ist ein Kind nur ein kleiner Tropfen. Es braucht definitiv etwas Stabiles, etwas was ihm Schutz und Zuflucht bietet. Nicht umsonst hat die Natur es so arrangiert, dass das Kind sofort nach der Geburt eine Bindung zu den

Eltern aufbaut. Ein Kind braucht Zuneigung, um nicht verloren zu gehen – einen Kompass zur Orientierung.

Bedürfnis nach Körperkontakt

Jeder Mensch, egal in welchem Alter, braucht Körperkontakt. Kinder benötigen ihn jedoch zwei- bis dreimal mehr als erwachsene Menschen. Der körperliche Kontakt mit einem geliebten Menschen schenkt uns Wärme und Geborgenheit und nimmt uns Ängste und Unsicherheiten.

Die elterlichen Berührungen haben magische Kräfte. Neugeborene, die viel weinen, beruhigen sich normalerweise, sobald sie auf den Bauch ihrer Mutter gelegt werden und den Hautkontakt spüren. Ebenso kommt die Heilung nach einem Sturz am schnellsten in Mamas Armen. Kinder, die Albträume haben, laufen zum Bett ihrer Eltern. Dort verschwinden alle bösen Monster.

Bedürfnis nach Akzeptanz

Ein Kind versteht mehr, als viele Eltern es vermuten. Es spürt ganz genau die Haltung, die sie zu ihm einnehmen. Es fühlt, wenn die Eltern sich Sorgen machen, sich unwohl fühlen oder sich für das Benehmen des Kindes schämen.

Aus Liebe machen viele Kinder genau das, was ihre Eltern sich wünschen. Sie spielen ein Instrument, welches sie eigentlich nicht mögen, besuchen Kampfsport, obwohl sie sich insgeheim fürs Schwimmen begeistern. Die Kinder haben Angst, in den Augen der Eltern zu versagen. Und es gibt wiederum Kinder, die sich weigern, dem Willen der Eltern zu gehorchen. Sie werden trotzig und wütend, obwohl sie nur eines möchten: gehört, verstanden und akzeptiert werden, nämlich genauso wie sie sind. Für Eltern ist das nicht einfach, denn sie haben oft eine genaue Vorstellung, wie ihr Kind sein soll. Und wenn das Kind nicht in dieses Bild passen will, ist es für viele Eltern unangenehm und schmerzhaft.

Bedürfnis nach Selbstverwirklichung

Jeder Mensch sollte seinen Weg gehen und seine Träume verwirklichen. Es ist wichtig, dass die Eltern das akzeptieren und das Kind auf seiner Reise unterstützen. Egal, ob es Künstler, Musiker oder Arzt werden möchte - Eltern sollten immer hinter dem Kind stehen, nichts aufzwingen und seine Interessen fördern.

Bedürfnis nach Liebe

Die Liebe ist ein Grundbedürfnis jedes Menschen in jedem Alter. Dabei sind beide Perspektiven wichtig, sowohl Liebe geben, als auch Liebe empfangen. Beobachten Sie mal Ihr Kind, mit welcher Liebe es seine Kuscheltiere umarmt oder eine Blume streichelt.

Gleichzeitig ist es wichtig, dass jedes Kind die Liebe seiner Eltern bekommt. Es spielt keine Rolle, ob es sich dabei um ermutigende Worte, ein Geschenk, eine Umarmung, Zeit oder Unterstützung handelt. Ebenso ist die liebevolle Kommunikation zwischen Eltern und Kind von einem unschätzbaren Wert.

BEDÜRFNISSE DER KINDER NACH ALTERSKLASSEN

Alter: 0 – 2 Jahre

Schlüsselwörter: ***Liebe, Zärtlichkeit und Aufmerksamkeit***

Zum Glück hat sich die Vorstellung der älteren Generationen, dass die Kinder von der Geburt an erzogen und diszipliniert werden, verabschiedet. Das Wichtigste für ein kleines Baby ist die Liebe, Körperkontakt und die Aufmerksamkeit seiner Eltern.

Alter: 2 – 4 Jahre

Schlüsselwörter: ***Freiheit, Ermutigung und Respekt***

In dieser Entwicklungsphase erwirbt das Kind sein eigenes Ich. Das Motto dieser Jahre heißt „Ich bin!" Der Wunsch nach Unabhängigkeit wird von Tag zu Tag größer. Einerseits drängt der Wille nach Freiheit und Neugier in eine Richtung, andererseits ziehen die Ängste und Unsicherheiten in die entgegengesetzte Richtung. In dieser Phase brauchen die Kinder besonders viel Ermutigung seitens der Eltern.

Alter: 5 – 6 Jahre

Schlüsselwörter*: **Lob und Vertrauen***

In diesem Alter entwickelt das Kind sein eigenes Selbstwertgefühl. Das Selbstwertgefühl und Selbstvertrauen erzeugen die Bereitschaft und den Wunsch, die Grenzen der eigenen Familie zu verlassen und sich neuen Abenteuern und der Welt zu stellen. Dies ist eine Zeit der neuen Anforderungen und Aufgaben. Das „Ich bin!", wird um „Ich kann!", erweitert.

Wenn das Kind in dieser Zeit nur Kritik und unangemessene Kommentare erhält, wird seine Aktivität durch völlige Passivität ersetzt. Darum ist es unglaublich wichtig, dass die Eltern das Kind loben und an das Kind glauben.

Alter: 6 – 8 Jahre

Schlüsselwörter: ***Nicht urteilen, Verständnis und Akzeptanz***

In den ersten Schuljahren erwarten die Kinder viele neue Kontakte, Anforderungen und Erkenntnisse. Das kindliche Gehirn entwickelt sich enorm weiter und das Kind fängt nun an, komplexe Konstrukte wie Empathie zu verstehen. Es erkennt den Unterschied zwischen Lügen und Wahrheiten. Das Kind probiert die neugewonnenen Erkenntnisse gerne aus. Urteilen Sie nicht! Setzen Sie das Kind nicht noch mehr unter Druck! Aufgrund großer Veränderungen entwickelt es neue Verhaltensmuster. Zeigen Sie Verständnis und Akzeptanz für diese Phase der Veränderung!

Alter: 9 – 12 Jahre

Schlüsselwörter: ***Eigenständigkeit und Einsicht***

Diese Phase der Kinderentwicklung bereitet vielen Eltern die größte Freude. Aus dem Kind entwickelt sich ein junger Mensch mit einer eigenen Persönlichkeit, Wünschen und Zielen. Der Teenager beginnt auf seine eigene Art und Weise zu denken und zu handeln, hat interessante Hobbys, zeigt bestimmte Vorlieben und Neigungen. Das Kind sieht die Welt nicht mehr aus der Perspektive der Eltern, sondern fühlt sich als ein Teil dieser Welt und der Gesellschaft. Das Kind braucht in dieser Phase das Gefühl der Eigenständigkeit. Zeigen Sie dem Kind, dass Sie es als ein Individuum ansehen und akzeptieren Sie seine Grenzen!

Alter: 13 – 14 Jahre

Schlüsselwörter: ***Selbstbewusstsein, Experimentieren und Verantwortung***

Die sorgenlose Kindheit endet und die langersehnte Jugend beginnt. Die Zeit zwischen dem 13. und 14. Lebensjahr wird von den meisten Eltern als schwierig empfunden. Die Unschuld der kindlichen Jahre wird plötzlich durch rebellische Pubertät ersetzt und der junge Mensch hat Bedürfnisse, die durch die Eltern nur noch schwer befriedigt werden können. Der Jugendliche entwickelt ein Selbstbewusstsein, entdeckt die Welt als eigenständige Person und übernimmt immer mehr Verantwortung für sein Leben. Eltern beginnen zu verstehen, dass ihr „kleines" Kind zu einer selbständigen Person heranwächst und in der Lage ist, einiges selbst zu managen und mit Verantwortung sowie Druck allein umzugehen versteht. Dennoch ist Ihr Kind auf Ihre Unterstützung angewiesen. Auch wenn es im ersten Moment vielleicht aus Trotz Ihre Hilfe verweigert, braucht es noch mehr denn je einen familiären Zusammenhalt. Geben Sie ihm in dieser Lebensphase der Transformation ein Gefühl der Sicherheit.

All diese Bedürfnisse sollten, unabhängig vom Alter, befriedigt werden. Ist das nicht der Fall, äußert das Kind mit bestimmten Verhaltensweisen den Wunsch nach Erfüllung seiner Bedürfnisse. Was Ihr Kind mit seinem Verhalten bezwecken möchte, erfahren Sie im nächsten Kapitel.

7. Was bezweckt Ihr Kind mit seinem Verhalten?

Jedes menschliche Verhalten hat einen bestimmten Zweck. Wir verhalten uns auf eine bestimmte Art und Weise, weil wir etwas erreichen möchten. Auch Kinder möchten mit unterschiedlichen Verhaltensweisen etwas bezwecken und nicht ihre Eltern ärgern. Sie haben Bedürfnisse, die sie befriedigen möchten. Somit hat jedes Verhalten die Befriedigung eines bestimmten Bedürfnisses zum Ziel. Im Folgenden möchte ich Ihnen vier Situationen aus dem Familienleben aufzeigen, die deutlich den Zweck des kindlichen Verhaltens veranschaulichen.

Zweck des kindlichen Verhaltens: Aufmerksamkeit erwecken

Als ich bei meiner Freundin Alexandra zu Besuch war, saßen wir gemeinsam auf der Couch im Wohnzimmer und plauderten über die letzten Neuigkeiten. Meine Freundin erzählte begeistert von ihrem neuen Job, als ihre fünfjährige Tochter Pia ins Zimmer kam und nach ihrer Puppe fragte. *„Deine Puppe ist in deinem Zimmer", antwortete meine Freundin und erzählte munter weiter. Das kleine Mädchen fragte erneut: „Und wo ist mein Zimmer?"* Ihre Mama antwortete: *„Du weißt ganz genau, wo dein Zimmer ist!"* Meine Freundin richtete ihre Aufmerksamkeit wieder auf mich. *„Hilfst du mir, meine Puppe zu finden?"* Alexandra sprang von der Couch auf und antwortete gereizt: *„Sag mal, siehst du nicht, dass ich beschäftigt bin? Jetzt gehst du in dein Zimmer und spielst dort allein! Ich möchte nicht mehr gestört werden!"*

Die Situation ist eskaliert, obwohl es sich eigentlich nur um eine harmlose Bitte des kleinen Mädchens handelte. Was wäre ein angemessenes Verhalten der Tochter? Wäre es nicht besser, einmal zu fragen und dann auf Wunsch ihrer Mutter selbst die Puppe zu finden? Das Mädchen hat doch deutlich gesehen, dass die Mama beschäftigt ist. Was war der Zweck seines Verhaltens? Als Psychologin kann ich sagen, dass das Kind zwei verschiedene Ziele verfolgen wollte – zum einen im Mittelpunkt der Aufmerksamkeit der Mutter zu stehen und zum anderen liebevolle Kommunikation zu erleben.

Das Mädchen versuchte, auf nicht ganz angemessene, aber relativ positive Art und Weise, auf sich aufmerksam zu machen. Die Mutter reagierte auf dieses Verhalten verärgert und gab dadurch ihrer Tochter das Gefühl, nicht geliebt zu sein und verstoßen zu werden. Um diesem Gefühl zu entgehen, versuchen viele Kinder mit ihrem Verhalten, die Aufmerksamkeit und Liebe der Eltern wiederzugewinnen. Das kann auf ganz unterschiedliche Weise geschehen. Das Kind kann anfangen, mit Gegenständen zu spielen, mit denen es normalerweise nicht spielt oder beispielsweise aus Protest einen Streit mit Bruder oder Schwester beginnen. Auch andere Verhaltensweisen, die auf mangelnde Aufmerksamkeit zurückzuführen sind, können ebenfalls vorkommen. Das Kind beginnt zu weinen, sich hilflos zu stellen oder die Eltern zu stören.

Ein Kind, das Aufmerksamkeit braucht, neigt dazu, Erwachsene zu irritieren. Denn eine häufige Reaktion seitens der Eltern auf das seltsame Verhalten des Kindes ist die negative Aufmerksamkeit. In solchen Momenten ist es dem Kind egal, ob es sich um eine positive oder negative Aufmerksamkeit handelt- Die Hauptsache ist, die Eltern haben es gemerkt. Interessanterweise verwenden nicht alle Kinder schlechtes Benehmen, um Aufmerksamkeit zu bekommen. Manche Kinder benehmen sich im Gegenteil äußerst gut, um positives Feedback von den Eltern zu bekommen. Solche Kinder gelten als die „Guten" der Familie, auch wenn sie sich einmal danebenbenommen haben.

Zweck des kindlichen Verhaltens: Machtkampf

„Schalte die Spielkonsole aus!“,- sagt der Vater zum 10-jährigen Lukas. *„Es wird Zeit ins Bett zu gehen.“ „Bitte, Papa, noch ein bisschen.“ „Nein, ich sagte, mach es sofort aus!“,-* fordert der Vater mit einem strengen Gesichtsausdruck. *„Aber bitte! Nur noch fünfzehn Minuten, okay? Ich verspreche dir, dass ich nie wieder so spät spielen werde.“,* sagt der Junge verärgert. Das Gesicht vom Vater wird rot vor Wut und er zeigt mit dem Finger auf seinen Sohn: *„Hast du gehört, was ich gesagt habe? Schalte die Spielkonsole sofort aus!“*

Diese oder ähnliche Situationen spielen sich jeden Abend in tausenden Kinderzimmern ab. Mit solch einem Verhalten versuchen die Kinder ihre Macht zu demonstrieren. Sie möchten ihren Willen durchsetzen und protestieren gegen die Eltern. Vor allem größere Kinder fühlen sich durch die Eltern unterdrückt und möchten nun selbst entscheiden, wie sie ihre Freizeit verbringen und wann sie schlafen gehen. Widerreden, Trotz und aggressives Verhalten sind dabei an der Tagesordnung.

Zweck des kindlichen Verhaltens: Erwecken von Mitleid durch demonstrative Minderwertigkeit

„Ich kann das nicht“, „Das klappt bei mir sowieso nicht“, „Ich weiß nicht, wie das geht!“, solche Sätze hören viele Eltern im Familienalltag. Das Kind versucht mit diesem Verhalten zunächst, sich vor bestimmten Aufgaben zu drücken und stellt sich mit Absicht als Nichtskönner dar. Kinder wissen nämlich ganz genau: wenn sie sich klein und hilflos darstellen, wird von ihnen auch nicht so viel erwartet. Dieses Verhalten kann man in allen Altersklassen beobachten, ganz egal, ob es sich um selbständiges Essen, das Hausaufgabenmachen, Kinderzimmer aufräumen oder Müll rausbringen handelt. Etabliert sich dieses Verhaltensmuster im Alltag, verliert das Kind mit der Zeit tatsächlich das Vertrauen an sich und

seine Fähigkeiten. Dies bewirkt, dass die Eltern anfangen, ihren Sprössling zu bemitleiden. Das gefällt dem Kind und es macht mit diesem Verhalten einfach weiter. Denn Mitleid der Eltern führt meist zu einem liebevollen und sanften Umgang. Die Anforderungen an das Kind werden reduziert. Und so wird aus dem "Schein-Nichtskönner" ein wahrer Nichtskönner.

Zweck des kindlichen Verhaltens: Rache

Die 8-jährige Amelie hat mehrmals im Unterricht gestört. Die Lehrerin gab ihr eine Strafarbeit und schrieb eine Nachricht an die Eltern. Amelies Mutter kochte vor Wut: *„Wie kannst du dich so schlecht verhalten und deine Mitschüler im Unterricht stören? Und dann noch die Strafarbeit. Ich schäme mich für dich. Mit dir gibt es immer nur Ärger. Jetzt geh in dein Zimmer! Ich möchte dich nicht mehr sehen und hören, bis du deine Schuld erkennst, dich entschuldigst und erklärst, wie du es beim nächsten Mal besser machen kannst!"*

Zwei Stunden verbrachte Amelie in ihrem Zimmer. Dann ging sie ins elterliche Schlafzimmer und beschloss Parfums von ihrer Mutter, die auf einer Kommode standen, auszuprobieren. Sie wusste genau, dass sie das nicht durfte. Als sie das Lieblingsparfum ihrer Mutter in die Hände nahm, entglitt ihr die Flasche "versehentlich", fiel auf den Boden und zerbrach in viele kleine Teilchen.

Wenn die Kinder sich unterdrückt fühlen, werden sie verzweifelt und neigen dazu, Rache als Hilferuf einzusetzen. Sie fühlen sich wert- sowie machtlos und versuchen sich auf diese Art zu beweisen. In diesem Beispiel war die Rache versteckt. Es kann aber auch vorkommen, dass ein Kind so verzweifelt ist, dass es offen seinen Mitmenschen schadet.

Rache kommt als Verhaltensmuster vor allem bei kleineren Kindern (unter 10 Jahren) vor. Je mehr das Kind sozialisiert wird, desto stärker tritt das Rachegefühl in den Hintergrund. Die Kinder verstehen, dass Rache schlecht ist und in unserer Gesellschaft nicht akzeptiert wird.

Alle beschriebenen Situationen basieren auf kindlichen Emotionen und Gefühlen, die überhandnehmen. Egal, welches Ziel das Kind mit seinem Verhalten erreichen möchte, die Eltern können es dabei unterstützen, indem sie ihm den richtigen Umgang mit seinen Gefühlen beibringen. Wie das geht, erfahren Sie im nächsten Kapitel.

8. Wie Sie Ihrem Kind helfen, mit seinen Emotionen & Gefühlen umzugehen?

Im vorherigen Kapitel haben wir gemeinsam unterschiedliche Verhaltensmuster der Kinder betrachtet. Und wie Sie bereits wissen, basiert jegliches Verhalten auf Emotionen und Gefühlen. Das heißt, wenn das Kind lernt seine Emotionen und Gefühle zu kontrollieren, wird die Anzahl der kritischen Verhaltensmuster und Situationen abnehmen. In diesem Kapitel zeige ich Ihnen Methoden, wie Sie Ihrem Kind spielerisch den richtigen Umgang mit seinen Gefühlen und Emotionen beibringen können.

Nach der Geburt eröffnet sich dem Kind eine neue Welt voller Abenteuer. Es wird zum ersten Mal mit vielen Dingen konfrontiert sein, die ihm eine Flut von Emotionen bereiten. Damit die Eltern ihrem Kind den richtigen Umgang mit seinen Gefühlen vermitteln können, müssen sie zunächst selbst lernen die Kindergefühle zu verstehen.

Vergleichen wir zwei Situationen:

1. Eine Mutter geht mit ihrem Sohn auf der Straße, als ein aggressiv aussehender Hund anfängt, sie anzubellen. Der kleine Junge erlebt in diesem Moment starken Stress und hat Angst. Er weiß nicht, wie er sich in solch einer Situation verhalten und mit der Angst umgehen soll. Die Mutter nimmt das Kind fürsorglich in die Arme und schützt es vor dem Hund. Nachdem die Gefahr vorüber ist, umarmt sie den Jungen und erklärt ihm, dass sie immer für ihn da ist und sie niemals zulassen würde, dass ihm etwas passiert.

2. Die Ausgangssituation ist ähnlich: ein Hund bellt auf der Straße und zeigt aggressives Verhalten. Diesmal ist jedoch der Vater mit seinem kleinen Sohn unterwegs. Der Junge bekommt Angst und fängt an zu weinen. *„Sei nicht so feige!"* Der Vater ist verärgert, denn schließlich soll aus seinem Sohn ein starker Mann werden, der vor nichts Angst hat. Mit seinem Verhalten beschämt der Vater das Kind und zwingt ihn sogar, sich seiner Angst zu stellen und dem Hund näher zu kommen.

An diesem Beispiel sehen wir zwei völlig unterschiedliche Reaktionen der beiden Elternteile. Die erste Situation zeigt uns, wie das Kind angesichts der Gefahr von seiner Mutter maximalen Schutz und maximale Fürsorge erhält. Im zweiten Fall ist das Kind praktisch schutzlos, muss sich seiner Angst stellen und wird in der Stresssituation vom Vater alleingelassen. Für das Kind ist die Situation nicht gelöst, die Angst bleibt in ihm. Wenn solche Situationen sich oft wiederholen und das Kind stets seine Gefühle unterdrücken muss, wird es früher oder später Schwierigkeiten haben, mit seiner Umwelt und seinen Mitmenschen zurechtzukommen.

Wie können Sie Ihrem Sohn oder Ihrer Tochter helfen, mit den eigenen Emotionen umzugehen? Es ist ganz einfach: Bringen Sie Ihrem Kind bei, zu sagen, was es fühlt. Eine psychologische Technik zum Umgang mit

intensiven Emotionen kann Sie dabei unterstützen. Das Ziel dieser Methode ist es, dem Kind zu helfen, herauszufinden, was es jetzt fühlt, die Emotionen zu verstehen und zu akzeptieren.
Die Methode basiert auf vier **Säulen**:

1. Ruhe: Versuchen Sie sich zu beruhigen. Ich weiß, in einer kritischen Situation ist es nicht so einfach. Aber nur, wenn Sie ruhig bleiben, können Sie auch Ihrem Kind helfen und ihm ein ruhiges Verhalten vorleben.

2. Akzeptanz: In einer Stresssituation brauchen Sie Ihr Kind nicht zu erziehen. Akzeptieren Sie sein Verhalten und umarmen Sie es. Wenn es sich um einen Teenager handelt, der nicht gerne umarmt werden möchte, können Sie sich neben ihn setzen und seine Hand nehmen. Ihr Kind soll verstehen, dass Sie in der kritischen Situation für ihn da sind.

3. Reflektion: Es ist wichtig über die Situation zu sprechen. Helfen Sie Ihrem Kind das Geschehene zu verarbeiten, indem es die Situation gedanklich skizziert und darüber spricht. Kann das Kind seine Gefühle noch nicht verbal beschreiben (3. - 4. Lebensjahr), kann es beispielsweise auch eine Zeichnung anfertigen und die Gefühle bildlich darstellen.

Bei sehr kleinen Kindern (1. - 2. Lebensjahr) können Sie die aktive Rolle übernehmen und versuchen, die Gefühle des Kindes selbst zu beschreiben. In diesem Alter verstehen die Kinder schon mehr als Sie denken und können das Gesagte verneinen oder dem zustimmen. In dieser Phase ist es besonders wichtig, sich speziell auf die Emotionen des Kindes zu konzentrieren. Fragen Sie: *„Hattest du Angst?", „Bist du wütend?"*

4. Verständnis: Zeigen Sie Verständnis. Das Kind sollte wissen, dass Sie seine Gefühle in diesem Moment verstehen. Sagen Sie einfach: *„Ich verstehe, wie es dir gerade geht."* Außerdem ist es wichtig, dass Sie das Geschehene mit den kindlichen Gefühlen in Verbindung setzen. Zum Beispiel: „Bist du verärgert, weil du vom Roller gefallen bist?" Wenn Sie ruhig über das Geschehene sprechen, wird sich Ihr Kind schnell beruhigen.

Sicher werden Sie nicht immer bei Ihrem Kind sein. Vor allem Grundschulkinder und Teenager sind oft allein unterwegs und können, im Falle einer kritischen Situation, nicht auf die Unterstützung der Eltern zugreifen. Deshalb muss Ihr Kind rechtzeitig lernen, mit seinen Gefühlen allein umzugehen.

Es ist zwar wichtig, dass Sie Ihr Kind verstehen, unterstützen und Empathie zeigen, aber ab einem bestimmten Alter müssen Sie ihm auch die Möglichkeit geben, seine Probleme selbst zu lösen. Gleichzeitig sollten Sie keine Angst haben, diese mit ihm zu besprechen. Bieten Sie Ihrem Kind mehrere Optionen zur Problemlösung an, aber lassen Sie ihn selbst entscheiden.

Oft verhalten sich Eltern in Problemsituationen mit ihren Kindern genauso wie ihre eigenen Eltern mit ihnen. Wenn ein Erwachsener bereits in seiner Kindheit nicht die Erfahrung gemacht hat, Emotionen und Gefühle zu akzeptieren, kann er in einer kritischen Situation verwirrt werden.

Im Folgenden stelle ich Ihnen einige Spiele vor, die Ihnen und Ihrem Kind helfen, spielerisch den Umgang mit Emotionen zu lernen und zu trainieren.

EMOTIONALSTES TRAINING FÜR KINDER

Ziele: Wahrnehmung und Ausdruck grundlegender Emotionen

Alter: ab drei Jahren

Jeder Mensch hat Emotionen, die sich in unterschiedlichen Lebenssituationen auf unterschiedliche Art und Weise manifestieren. Ein Kind muss erst lernen, seine Gefühle wie Freude, Ärger, Verwirrung, Glück, Wut oder Angst angemessen auszudrücken. Damit das Kind in einer kritischen Situation nicht gleich schreit und weint, muss es lernen seine Gefühle zunächst mit Mimik oder Gestik zu zeigen. Folgende Übungen trainieren spielerisch den Umgang mit Emotionen und helfen dem Kind, mit seinen Gefühlen achtsamer umzugehen. Diese Fähigkeit reduziert die impulsiven emotionalen Reaktionen des Kindes.

Jedes Spiel beschreibt eine Situation, in der unterschiedliche Emotionen hervorgerufen werden. Lesen Sie Ihrem Kind die Beschreibung der Situation vor. Versuchen Sie zusammen mit Ihrem Kind, die vorgegebenen Emotionen darzustellen. Seien Sie ein Vorbild!

1. Situation: „Fantasievolle Wolken"

Es ist Sommer. Ein Junge liegt auf der grünen Wiese und sieht zu, wie die Wolken über den Himmel schweben. Eine sieht aus wie ein süßer, flauschiger Hase, die andere wie eine schöne Blume und die dritte Wolke erinnert an einen gefährlichen Drachen mit einem großen Schwanz.

Aufgabe: Das Kind soll den Gesichtsausdruck und die Pose des Jungen auf der Wiese darstellen

Mögliche Pose und Gesichtsausdruck: Das Kind könnte sich, mit den Händen unter dem Kopf, hinlegen. Die Unterlippe wird leicht gebissen, die Augen schauen nach oben und strahlen Begeisterung aus.

2. Situation: „Die Großeltern sind da!"

Lisa lebt mit ihren Eltern in der Stadt. Ihre Sommerferien verbringt sie gern bei ihren Großeltern auf dem Land. Sie liebt ihre Oma und den Opa sehr und vermisst sie oft. Leider kann Lisa sie nicht so oft besuchen, weil die Entfernung groß ist.

Eines Abends klingelt es an der Wohnungstür. *„Wer könnte das denn sein?"* Lisa geht zur Tür und öffnet sie. Was für eine Überraschung! Vor ihr stehen ihre geliebten Großeltern!

Aufgabe: Bitten Sie Ihr Kind, das Gesicht von Lisa darzustellen, als sie ihre Großeltern gesehen hat.

Möglicher Gesichtsausdruck: Die Augenbrauen sind hochgezogen und die Augen weit geöffnet.

3. Situation: „Ein Traum wird wahr"

Lea hat schon immer von einem Haustier geträumt. Eines Tages kommt sie nach der Schule nach Hause und sieht in ihrem Zimmer einen kleinen Hundewelpen. Sie kann ihren Augen nicht trauen, ihr Traum ging in Erfüllung!

Aufgabe: Wie könnte Lea in solch einer Situation reagiert haben?

Möglicher Gesichtsausdruck: Der Mund ist weit offen, die Augenbrauen sind hochgezogen, die Arme gehen nach oben.

4. Situation: „Wichtige Planung - bitte nicht stören"

Der Vater sitzt am Küchentisch. Vor ihm liegt eine große Wanderkarte. Er plant den nächsten Wanderausflug und untersucht die Karte sorgfältig und konzentriert.

Aufgabe: Stelle die Pose und die Bewegungen des Vaters nach. Wie könnte sein Gesichtsausdruck aussehen?

Mögliche Pose und Bewegungen: Die linke Hand ruht mit dem Ellbogen auf dem Tisch und stützt den nach links geneigten Kopf. Der Zeigefinger der rechten Hand bewegt sich entlang einer imaginären Karte.

5. Situation: „Der salzige Tee""

Annas Oma verliert ihre Brille und bemerkt nicht, dass sie die Zuckerdose anstelle von Zucker mit Salz befüllt. Anna hat Durst und kocht sich einen leckeren Tee und tut zwei Teelöffel „Zucker" hinein. Beim ersten Schluck bemerkt sie, wie widerlich der Tee schmeckt!

Aufgabe: Wie könnte Annas Gesichtsausdruck aussehen? Mach es vor.

Möglicher Gesichtsausdruck: Die Augen sind verengt und die Augenbrauen gerunzelt. Die Nase ist hochgezogen und schlägt viele Falten.

6. Situation: „Neugier"

Die Mutter kommt vom Einkaufen nach Hause. Die große Tasche, in der alle Einkäufe liegen, stellt Sie zunächst in der Küche auf den Boden. Die Tochter will unbedingt wissen, was die Mutter eingekauft hat. Vielleicht sind ein paar Leckereien dabei? Neugierig schaut das Mädchen in die Tasche hinein. Die Enttäuschung ist groß. Denn in der Tasche liegen nur ein paar Putzmittel.

Aufgabe: Stelle den neugierigen Blick des Mädchens nach. Wie sah am Ende ihr enttäuschtes Gesicht aus?

Möglicher Gesichtsausdruck: Neugieriger Blick mit nach oben gezogenen Augenbrauen und einem geöffneten Mund. Die Enttäuschung kann man mit hängender Schulter und einem Seufzer darstellen.

7. Situation: „Der stolze Sieg"

Ein Kind kämpft in seiner Fantasie mit einem Drachen. Am Ende des Kampfes ist der Junge stolz auf sich. Denn er hat den bösen Drachen besiegt.

Aufgabe: Stelle den Kampf mit dem imaginären Drachen nach. Welche Bewegungen könntest Du machen? Wie sehen die Pose und der Gesichtsausdruck von einem Sieger aus?

Ausdrucksstarke Bewegungen: Schwankende Bewegungen mit einem Fantasieschwert.

Haltung und Mimik: Die Beine des Gewinners sind leicht auseinander, der Kopf geht leicht nach hinten, die Schultern sind gerade, die Augen strahlen, die Lippen zeigen ein Lächeln.

8. Situation: „Ein anstrengender Tag"

Leon ist sehr fleißig und verbringt den ganzen Tag damit, seiner Großmutter mit der Gartenarbeit zu helfen. Am Ende des Tages spürt er die Müdigkeit in seinem ganzen Körper.

Aufgabe: Wie sieht ein müder Körper aus? Stelle die Pose nach.

Mögliche Pose: Die Arme hängen seitlich am Körper, die Schultern und der Kopf sind gesenkt.

9. Situation: „Lass die Wut raus!"

Emma hat neues Sandspielzeug bekommen. Als sie an einem sonnigen Tag damit im Sandkasten spielt, kommt ein fremdes Kind zu ihr und nimmt ihre neue Schaufel weg. Sie ist wütend, weil das Kind ohne ihre Erlaubnis ihre Lieblingsschaufel genommen hat.

Aufgabe: Zeige wie Emma ihre Wut geäußert hat?

Mögliche Reaktion: Mit den Beinen stampfen, die Stirn runzeln und Fäuste machen.

10. Übung: „Die Angst besiegen!"

Benötigte Materialien: Buntstifte und Papier

Bitten Sie Ihr Kind das zu zeichnen, wovor es am meisten Angst hat. Vor dem Zeichnen können Sie mit ihm über die Ängste sprechen. Erzählen Sie ihm, dass Sie als Kind auch Angst hatten. Zum Beispiel: „In meiner Kindheit hatte ich große Angst vor Spinnen." Nachdem das Kind gezeichnet hat, besprechen Sie das Bild mit ihm und lassen Sie es die Ängste auch verbal beschreiben. Nun zerknüllen Sie gemeinsam die Zeichnung und werfen Sie alle „Ängste" in den Mülleimer.

ÜBUNGEN ZUR ENTWICKLUNG SOZIALER EMOTIONEN

Folgende Spiele trainieren in Kindern das Verständnis für Gefühle anderer Menschen, helfen ihnen, ihre Empathie und soziale Kompetenz zu stärken sowie die eigenen Emotionen richtig zu vermitteln.

1. Spiel „Gefühle zeigen"

Das Spiel zielt darauf ab, die Stimmung anderer zu fühlen und eigene Emotionen richtig zu vermitteln. Das Kind wird eingeladen, unterschiedliche Emotionen darzustellen. Zum Beispiel: die Stirn runzeln wie ein wütender Mensch, bedrohlich sein wie ein hungriger Wolf, böse wie eine Hexe, ängstlich wie ein Hase etc. Gerne kann das Kind seiner Fantasie freien Lauf lassen und unterschiedliche Charaktere selbst ausdenken.

2. Spiel „Der Spaziergang"

Ein lustiges Spiel zur emotionalen Befreiung und Entspannung, welches sogar die frechen Teenies gerne spielen.

Die **Aufgabe** des Spiels besteht darin, unterschiedliche Gangarten darzustellen. Wie läuft ein alter Mann, ein Hund, ein Clown, ein Bär? Entweder geben Sie die Arten der Gänge vor oder jeder kann sich selbst eine Gangart ausdenken und die Zuschauer sollen erraten, um wen es sich handelt.

3. Spiel „Die Gesichtsgymnastik"

Bitten Sie Ihr Kind folgende Mimik-Übungen zu machen:

- Stirn runzeln und entspannen
- Augenbrauen heben und wieder entspannen
- Augen schließen und öffnen
- Augen ganz großmachen und entspannen

- Mund öffnen und schließen
- Augen klein machen und entspannen
- Nase hochziehen und wieder entspannen

... und am Ende ein herzliches Lächeln zeigen.

4. Spiel „Gefühlsball"

In diesem Spiel lernt das Kind die gegensätzlichen Gefühlslagen kennen.

Das Kind sitzt auf einem Stuhl. Ein Erwachsener wirft ihm einen Ball zu und nennt eine bestimmte Gefühlslage. Das Kind wiederum soll den Ball zurückwerfen und gegensätzliche Gefühlslage nennen. Zum Beispiel: traurig – fröhlich, mutig – ängstlich, glücklich – unglücklich, ruhig – gesellig.

5. Spiel „Achtsames Wahrnehmen"

Diese Übung hilft Kindern, sich selbst, ihre Gefühle und Emotionen achtsam wahrzunehmen.

Bitten Sie Ihr Kind, sich bequem hinzusetzen, die Augen zu schließen und sich auf seine Gefühle zu konzentrieren. Lassen Sie nach einigen Minuten das Kind erklären, welche Gefühle es in seinem Inneren wahrgenommen hat.

Wenn Sie die vorgestellten Spiele regelmäßig mit Ihrem Kind spielen, werden Sie schnell merken, dass Ihr Kind ein gutes Verständnis und eine bessere Wahrnehmung der eigenen und fremden Gefühle entwickelt.

9. Regeln aufstellen & durchsetzen – ohne Schimpfen!

Das Leben in unserer Gesellschaft erfordert Grenzen, die durch bestimmte Regeln festgelegt werden. Mit dem Grad der Sozialisierung werden die Regeln angepasst. Keiner wundert sich, wenn auf dem Spielplatz ein Kind einem anderen die Schaufel wegnimmt. „Das sind ja Kinder!" Unvorstellbar ist jedoch, dass ein erwachsener Mensch einem Arbeitskollegen sein Smartphone wegnimmt. Ab einem bestimmten Alter wird ein Verhalten erwartet, das unseren Gesellschaftsnormen entspricht. Um den benötigten Sozialisierungsgrad zu erreichen, brauchen Kinder Regeln, sonst verstehen sie nicht, wie sie in unserer großen Welt leben sollen. Die Aufgabe der Eltern ist dabei, klar den Rahmen der Grenzen zu definieren, der nicht überschritten werden sollte.

WELCHE REGELN BRAUCHEN KINDER?

Wenn es darum geht, Regeln festzulegen, ist ein ausgewogener Ansatz enorm wichtig. Denn Kinder fühlen sich durch genügend Regeln sicher, während zu viele Regeln ihre normale Entwicklung behindern können. Die Situation ist komplizierter, wenn die Eltern mehrere Kinder haben, die aufgrund des Altersunterschiedes unterschiedliche Regeln benötigen. Mit dem fortschreitenden Alter, wenn das Kind reift und unabhängiger wird, müssen die Regeln geändert und angepasst werden.

Es ist hilfreich, wenn Sie eine Liste mit allen Regeln erstellen, die Sie für wichtig erachten. Wenn zum Beispiel Ordnung und Sauberkeit in Ihrer Familie einen sehr hohen Stellenwert hat, wären die Regeln wie: „Räume täglich dein Zimmer auf!" oder „Jeden Morgen muss das Bett ordentlich gemacht werden!", denkbar.

Des Weiteren gibt es Verhaltensregeln wie: „Nicht schreien", „Nicht schimpfen", „Nicht schlagen", usw. Wenn Sie eine Regel festlegen möchten, prüfen Sie zuerst die Ursache für ihre Notwendigkeit. Schreit das Kind tatsächlich so oft, dass dafür eine feste Regel aufgestellt werden muss? Wenn Sie nämlich zu wählerisch werden und zu viele Regeln aufstellen, wird es immer schwieriger, Ihr Kind dazu zu bringen, Ihren Anweisungen zu folgen. Wenn Sie Ihr Kind dauerhaft mit strengen Befehlen ansprechen: „Setz dich gerade hin!", „Hör auf zu zappeln!", „Kaue mit geschlossenem Mund!", wird Ihr Kind Sie irgendwann nicht mehr ernst nehmen und Ihnen nicht zuhören.

Wenn Sie Regeln aufstellen, müssen Sie auch unbedingt die **Konsequenzen festlegen**. Nur so bringen Sie die Kinder dazu, sich an die Vorgaben zu halten.

Es gibt unterschiedliche Arten von Regeln. Folgende fünf Bereiche sind besonders wichtig:

1. Sicherheitsregeln

Die Eltern sind in der Pflicht, die Sicherheit der Kinder zu gewährleisten. Dabei umfasst die Sicherheit nicht nur die körperliche, sondern auch die emotionale Ebene.

Beispiele für körperliche Sicherheit:

- Das heiße Bügeleisen darf nicht angefasst werden.
- Die Stühle sind zum Sitzen da, darauf steht man nicht.

Beispiele für emotionale Sicherheit:

- Man sollte immer freundlich zueinander sein.
- Jeder kann seine Emotionen zeigen, aber nur auf höfliche Art und Weise.

Wenn Kinder sich körperlich und emotional sicher fühlen, können sie ihre Energie darauf verwenden, eigene Talente zu entdecken und die Welt zu erkunden.

2. Moralregeln

Die Einführung der Moralregeln ermöglicht Ihnen, Ihrem Kind moralische Werte und ethische Normen zu vermitteln. Nehmen Sie zudem die Vorbildrolle ein und leben Sie Ihrem Kind die moralischen Werte vor. Kinder nehmen ihre Eltern oft als Beispiel und orientieren sich an ihrem Verhalten.

Beispiele für Moralregeln:

- Sag immer die Wahrheit!
- Entschuldige dich, wenn du jemanden verletzt!

3. Gewohnheiten im Tagesablauf

Kinder brauchen eine Routine in der Gestaltung ihres Tagesablaufs. Daher ist es notwendig, Regeln für die tägliche Routine festzulegen.

Beispiele für Regeln im Tagesablauf:

- Putze täglich zweimal deine Zähne!
- Räume schmutziges Geschirr in den Geschirrspüler ein!

Gesunde Gewohnheiten und Routinen helfen Eltern-Kind-Konfrontationen zu vermeiden.

4. Regeln zur Förderung der sozialen Kompetenzen

Kinder brauchen auch Regeln, die ihnen soziale Fähigkeiten vermitteln, um mit anderen zu interagieren.

Beispiele:
- Teile dein Spielzeug mit deiner Schwester!
- Helfe deinen Mitmenschen!

Ältere Kinder benötigen zudem Regeln für den Medienkonsum. Beispielsweise benötigen Jugendliche zeitliche Limits für soziale Medien. Uneingeschränkter Medienkonsum reduziert die menschliche Interaktion und wirkt sich schlecht auf die sozialen Kompetenzen aus. Außerdem sollen die Jugendlichen dazu animiert werden, ihr Zimmer zu verlassen, um mehr Zeit mit ihrer Familie und mit Freunden zu verbringen.

5. Regeln zur Vorbereitung auf das Erwachsenenleben

Um die Kinder auf das Erwachsenenleben gut vorzubereiten, sollten bestimmte Regeln aufgestellt werden, die den Kindern die notwendigen Lebenskompetenzen vermitteln. Diese Regeln helfen den jungen Menschen besser, sozial und persönlich zu funktionieren, sobald sie das Elternhaus verlassen.

Beispiele:
- Hilf bei den Haushaltsarbeiten mit!
- Gehe sinnvoll mit deinem Taschengeld um!

REGELN MÜSSEN KLAR UND VERSTÄNDLICH SEIN

Einschränkungen und Regeln, die ein Kind versteht, verringern die Wahrscheinlichkeit vom Problemverhalten und bringen ihm bei, auf andere Menschen und ihre Gefühle zu achten.

- **Binden Sie Ihr Kind in die Entwicklung der Regeln ein.** Wenn es das Gefühl hat, dass seine Meinung und seine Wünsche berücksichtigt werden, wird es die Regeln als fair betrachten und sich eher daranhalten.
- **Machen Sie sich selbst klar, was Sie von Ihrem Kind erwarten und stellen Sie sicher, dass es die Regeln auch richtig verstanden hat.** Zum Beispiel kann ein Satz wie: *„Komm bitte nach dem Kino nach Hause!"*, für Kinder und Eltern verschiedene Bedeutungen haben. Wenn Sie es präziser formulieren, hat das Kind keinen Interpretationsspielraum: *„Komm bitte nach dem Film sofort nach Hause, geh nirgendwo mehr hin!"*
- **Verteilen Sie Verantwortlichkeiten.** Zum Beispiel: *„Jeder von uns hat Aufgaben. Du bist verantwortlich für die Hausaufgaben, das Füttern der Katze und für die Ordnung in deinem Zimmer."*
- **Besprechen Sie im Voraus die Konsequenzen bei Nichteinhaltung der Regeln.** Sie müssen auch so klar wie möglich formuliert werden.
- **Loben Sie unbedingt Ihr Kind, wenn es die aufgestellten Regeln befolgt.** Zum Beispiel: *„Ich freue mich, dass ich mich auf dich verlassen kann und du gleich nach dem Film nach Hause gekommen bist, wie wir es vereinbart haben."*

Seien Sie bereit, die Regeln anzupassen, wenn Ihr Kind älter wird oder sich verantwortungsbewusster verhält, zum Beispiel, indem Sie Ihrem Kind erlauben, später nach Hause zu kommen. Dies ist ein Beweis für Ihr Vertrauen und zeigt dem Kind, dass Sie sein Recht auf Unabhängigkeit anerkennen.

Regeln werden einst festgelegt und später zur Gewohnheit. Es kommt vor, dass die Regeln so sehr in uns hineinwachsen, dass wir bereits vergessen, dass dies einmal Regeln waren. Die meisten Probleme in den Familien sind das Ergebnis schlechter Regeln. Damit die Regeln in der Familie funktionieren, müssen die Eltern sich auch an bestimmte Regeln halten.

Im Folgenden nehmen wir wichtige Regeln nach Altersklassen unter die Lupe.

Die vorgestellten Regeln sollen Ihnen, liebe Eltern, nur zur Orientierung dienen. Alle Familien, alle Kinder sind anders und es ist auch gut so. Passen Sie die Regeln Ihrem Familienalltag an. Besprechen Sie Ihre Absichten mit den Kindern. Berücksichtigen Sie unbedingt nicht nur Ihre Bedürfnisse, sondern auch die Wünsche Ihres Kindes.

Das Wichtigste bei den Regeln ist ihre Stabilität und gleichzeitig die Fähigkeit, sie zu ändern, wenn sich die Situation ändert (zum Beispiel im Urlaub oder in den Ferien). Schreiben Sie die Regeln zusammen mit Ihrem Kind (wenn es das entsprechende Alter hat) auf. Am Anfang halten sich die Kinder an die Regeln, weil Ihre Eltern sie stets an diese erinnern. Im Laufe der Zeit werden die Regeln zur Gewohnheit und der Familienalltag zu einer angenehmen, geregelten Routine.

Regeln für ein Kind unter 1 Jahr

Ein neugeborenes Kind hat keine Ahnung, was gut und was schlecht ist, was seitens der Eltern wünschenswert ist und was nicht, aber es kann die Reaktion der Eltern auf sein Verhalten bemerken. Daraus kann es Schlussfolgerungen ziehen und sein Verhalten dementsprechend anpassen. Kinder können ab einem Alter von etwa sechs Monaten verschiedene Regeln gut erlernen. Zwar können die Kinder sich noch nicht verbal äußern und verstehen das Gesagte nicht, aber sie merken schnell, dass ein strahlendes Lächeln den elterlichen Ärger zum Schmelzen bringt und dass es durch ein lautes Schreien die komplette Aufmerksamkeit für sich gewinnt.

Regeln, die sich durch falsches Verhalten der Eltern manifestieren

- Wenn ich den Löffel ablehne, bekomme ich die Brust.
- Wenn ich nicht selbst einschlafe, werden meine Eltern mich liebevoll tragen.
- Wenn ich schreie, bekomme ich zu jeder Tages- und Nachtzeit etwas zum Essen.
- Wenn ich in einem Kinderwagen weine, holen sie mich spätestens in fünf Minuten heraus.

Wenn die Eltern solche „Regeln“ durch ihr Verhalten unterstützen, merkt sich das Kind: „Die Eltern machen alles, was ich will.“

Regeln, die die Bedürfnisse des Kindes nicht berücksichtigen

- Ich muss immer den gesamten Inhalt der Flasche trinken, ganz egal, ob ich hungrig bin oder nicht.
- Ich muss jede Nacht 13 Stunden im Bett liegen, obwohl ich nicht mehr als 11 Stunden schlafen kann.
- Nach jeder Mahlzeit legen mich meine Eltern sofort ins Bett. Niemand kümmert sich um mich.

In diesem Fall lernt Ihr Kind: „Meine Eltern haben das Sagen. Niemand kümmert sich um meine Bedürfnisse.“

Regeln, die sowohl die Bedürfnisse der Eltern, als auch des Kindes respektieren

- Meine Eltern entscheiden, wann und was sie mir zum Essen geben. Ich kann entscheiden, ob und wie viel ich esse.

• Wenn ich ruhig und gut gelaunt bin, spielen meine Eltern besonders viel mit mir.

• Wenn ich etwas brauche und es nicht bekomme, kann ich darüber weinen. Aber wenn ich aus diesem Grund die ganze Zeit weine, werden meine Eltern aufhören, auf mich zu achten.

• Zuhause kann ich fast alles erkunden. Aber einige Dinge darf ich auf keinen Fall berühren.

Bei diesen Regeln lernt das Kind: „Ich werde von meinen Eltern alles bekommen, was ich brauche, aber nicht unbedingt alles was ich will. Meine Eltern respektieren meine Bedürfnisse und ich muss ihre Wünsche auch akzeptieren. Und manchmal wissen sie besser, was gut für mich ist und was nicht."

Regeln für ein Kind von 1 bis 3 Jahren

Der erste Geburtstag – etwas ganz Besonderes für das Kind und die Eltern! Mit einem Jahr lernen die meisten Kinder selbständig zu laufen. Zwischen dem ersten und dritten Geburtstag entwickeln sich die sprachlichen Fähigkeiten. Das Kind wird zu einem Menschen mit einem eigenen **ICH...**

... und es spielt konfliktfrei mit anderen Kindern, teilt Spielzeug, liebt sein Geschwisterchen, hört jederzeit auf die Eltern, rennt nicht weg, berührt nur erlaubte Gegenstände, ist immer gut gelaunt und gesund. Im Alter von zwei Jahren geht es selbständig aufs Töpfchen, kann mit eigenen Händen essen, selbstverständlich nur Gesundes. Es spielt oft in seinem Zimmer und kann sich stundenlang allein beschäftigen.

Ein Traum, nicht wahr? Ja, solch ein Kind gibt es tatsächlich nur im Traum vieler Eltern. Die Realität sieht leider anders aus: Viele Kinder fangen viel später an zu laufen und zu sprechen, brauchen auch im Vorschulalter nachts noch eine Windel, hassen Obst und Gemüse und würden das neugeborene Geschwisterchen am liebsten wieder ins Krankenhaus zurückbringen.

Und das ist absolut normal! Jedes Kind ist einzigartig, entwickelt sich individuell und erweitert den Horizont in seinem eigenen Tempo. Wenn es auf die Welt kommt, ist es wie ein unbeschriebenes Blatt Papier. Durch eine gesunde Mischung aus Liebe, Zuneigung, Regeln und Weitergabe von Werten werden die Kinder zu glücklichen Menschen. In Alter von ein bis drei Jahren erlebt ein Kind eine intensive Entwicklungsphase. Es lernt zu laufen und gleichzeitig wegzulaufen. Es lernt zu sprechen, um einschließlich auch ein „Nein" sagen zu können. Es baut Türme, um sie später zu zerstören. Auch die Kommunikation mit anderen Kindern will gelernt sein, auch wenn es nicht immer mit lieben Worten passiert, sondern mit Kneifen und Beißen. Das Kind entdeckt unterschiedliche Geschmacksrichtungen und seine Vorlieben. Es kann Mama umarmen, aber auch vor Wut treten. Kein Kind versteht in diesem Alter, was gut und was schlecht ist. Aber durch Regeln und erkennbare Reaktionen der Eltern auf bestimmte Verhaltensweisen, zieht es Schlussfolgerungen und lernt stets dazu.

Regeln, die sich durch falsches Verhalten der Eltern manifestieren

- Wenn ich ein Spielzeug von einem anderen Kind wegnehme, kann ich es für mich behalten.
- Wenn ich das Mittagessen nicht anfasse, bekomme ich etwas Anderes.
- Wenn ich mich auf den Boden schmeiße und schreie, bekomme ich sofort alles, was ich will.

Regeln, die die Bedürfnisse des Kindes nicht berücksichtigen

- Wenn ich einem Kind ein Spielzeug aus den Händen reiße, bekomme ich einen Klatscher auf meinen Po.
- Ich muss so lange auf dem Töpfchen bleiben, bis etwas kommt.

• Wenn ich das Mittagessen nicht esse, werde ich zum Essen gezwungen.

• Wenn ich wütend auf den Boden falle, werde ich beschimpft.

Regeln, die sowohl die Bedürfnisse der Eltern, als auch des Kindes respektieren

• Wenn ich einem anderen Kind ein Spielzeug wegnehme, sorgt Mama dafür, dass ich es ihm auf der Stelle zurückgebe.

• Wenn ich zornig zu Boden falle und schreie, geht meine Mama nicht auf mich ein.

• Ich trage keine Windeln mehr, auch wenn meine Hose ab und zu immer noch nass wird.

Respektvoller Umgang mit Bedürfnissen aller Familienmitglieder, macht nicht nur die Eltern glücklich, sondern auch die Kinder.

Regeln für ein Kind von 3 bis 6 Jahren

Kinder im Alter von drei bis sechs Jahren sind neugierig und lebhaft. Sie stellen eine Reihe von Fragen, auf die die klügsten Wissenschaftler keine Antworten haben. In dieser Phase sind die Kinder egozentrisch und konzentrieren sich auf ihre eigenen Wünsche und Bedürfnisse. Auch im Vorschulalter fällt es vielen Kindern immer noch schwer, sich an die Regeln zu halten.

Regeln, die sich durch falsches Verhalten der Eltern manifestieren

• Wenn ich morgens einen Wutanfall habe, werde ich nicht in den Kindergarten gehen müssen.

• Wenn ich mich weigere, mein Zimmer aufzuräumen, wird dies meine Mama tun.

• Wenn ich anfange zu weinen, darf ich länger fernsehen.

Regeln, die die Bedürfnisse des Kindes nicht berücksichtigen

• Wenn ich mich nicht selbst anziehe, werde ich angeschrien und beschimpft.

• Jeden Morgen muss ich gut gelaunt in größter Eile aufstehen.

• Wir gehen pünktlich in den Kindergarten, auch wenn ich mich noch nicht vollständig angezogen habe.

Regeln, die sowohl die Bedürfnisse der Eltern, als auch des Kindes respektieren

In dem Alter von 3 bis 6 Jahren sind die Kinder bereits in vielen Bereichen des Lebens aktiv (Kindergarten, Spielplatz, Vereine) und die Regeln müssen auf alle Bereiche ausgeweitet werden. Zudem ist das Kind groß genug, um Disziplin und angemessenes Verhalten gegenüber seiner Umwelt zu lernen. Dies ist später für die Schule sehr wichtig.

Im Folgenden finden Sie Regeln für unterschiedliche Bereiche, die für Kindergarten- und Vorschulkinder sinnvoll sind.

Regeln beim Essen

• Während des Essens bleiben wir am Tisch sitzen und es wird nicht mit Spielzeug gespielt.

• Beim falschen Tischverhalten (Füße auf dem Tisch oder mit dem Essen spielen) wird nach dem nicht Beachten der Aufforderung, das nicht zu tun, die Mahlzeit beendet.

• Nach dem Essen sollte sich jeder bedanken und helfen, das schmutzige Geschirr wegzuräumen.

Regeln für unterwegs

• Wenn wir uns neben einer Straße befinden, musst du an meiner Seite bleiben.

• Wenn du irgendwohin gehst, musst du immer die Eltern informieren.

• Wenn die Eltern nicht in der Nähe sind, sprichst Du nicht mit fremden Menschen, die du nicht kennst.

Zwischenmenschliche Beziehungen

• Zu unseren Mitmenschen sind wir höflich.

• Es ist verboten, die anderen zu schlagen, Gegenstände zu werfen oder etwas wegzunehmen. Wenn uns etwas stört, können wir das sagen.

• Wir reden freundlich miteinander, ohne zu schimpfen und zu schreien.

Regeln für die Kommunikation mit den Eltern

• Wenn die Eltern rufen, solltest du kommen. Wenn du mit etwas beschäftigt bist, komm trotzdem zu deinen Eltern und erkläre das. Vielleicht bekommst du die Erlaubnis, das zu beenden.

• Du sollst auf deine Eltern hören. Wenn du mit etwas nicht einverstanden bist, dann sag es bitte. Gemeinsam findet man sicherlich eine Lösung, die für alle in Ordnung ist.

• Wenn du jammerst und weinst, versteht man dich sehr schlecht. Wenn du etwas von deinen Eltern brauchst, frage mit ruhiger Stimme.

Regeln für das Spielen, den Fernseher und das Tablet

• Wenn beim Spielen geschrien und gekämpft wird, wird das Spiel sofort beendet.

• Mit einem neuen Spielzeug wird erst dann gespielt, wenn das alte aufgeräumt ist.

• Du bist für die Sauberkeit deines Spielzeugs verantwortlich.

• Die Eltern entscheiden, wie lange Du fernsehen kannst. Gemeinsam mit den Eltern wird die Sendung ausgesucht. Ohne die Erlaubnis der Eltern darfst du den Fernseher nicht einschalten.

- Auf dem Tablet wird nur eine halbe Stunde am Tag gespielt. Neue Programme und Apps dürfen nur die Eltern herunterladen.

Regeln für ein Kind von 7-10 Jahren

Sobald Ihr Kind eingeschult wird, ändert sich sein Alltag enorm und die Anforderungen werden nun nicht mehr nur durch die Eltern gestellt, sondern auch durch die Lehrkräfte.

Die Regeln, die in der Kindergartenzeit noch aktuell waren, sollten überarbeitet und an den neuen Alltag angepasst werden.

Typische Gedanken eines Schulkindes:

- Wenn ich mich morgens nur langsam fertig mache, bringt mich mein Vater mit dem Auto zur Schule.

- Wenn ich mich bei den Hausaufgaben nicht schlau anstelle, wird meine Mutter zwei Stunden bei mir sitzen und die Aufgaben mit mir gemeinsam machen.

- Wenn ich gleich nach der Schule nicht fernsehen darf, muss ich so lange jammern, bis meine Mama aufgibt.

Sinnvolle Regeln für Schulkinder:

- Alle Schulsachen werden am Vorabend vorbereitet.

- Du stehst morgens pünktlich auf und machst dich selbständig fertig.

- Das Frühstück und die Brotdose bereitest du gemeinsam mit den Eltern vor.

- Nach der Schule kannst du dich eine Stunde lang ausruhen, dann werden die Hausaufgaben selbständig erledigt. Wenn Du etwas nicht verstehst oder eine Frage hast, kannst du dich immer an deine Eltern wenden.

- Nachdem du alle Hausaufgaben erledigt hast, kannst du spielen.

Regeln für ein Kind von 10 - 12 Jahren

Das Alter zwischen 10 und 12 Jahren ist geprägt durch den Übergang auf die weiterführende Schule. Die schulischen Anforderungen und die Erwartungen der Eltern steigen. Es wird erwartet, dass das Kind immer mehr Verantwortung übernimmt. Auch die Kommunikation und die Freundschaften zu Gleichaltrigen nehmen in dieser Lebensphase eine wichtige Rolle im Leben des Kindes ein. Die Regeln, die zuvor wichtig waren, sind auch weiterhin gültig. In diesem Alter reduziert sich meist die Kommunikation zwischen dem Kind und den Eltern. Das Kind wird selbständiger und entwickelt eigene Interessen. Die Aufgabe der Eltern in dieser intensiven Zeit ist es, trotz unterschiedlicher Regeln, Frieden und Liebe in der Familie aufrechtzuerhalten und wichtige Werte sowie nützliche Gewohnheiten zu entwickeln.

Regeln für Teenager

Die Zeit der Jugend ist durch Rebellion und den starken Freiheitsdrang geprägt - keine leichte Lebensphase. Die Regeln, die von den Eltern auferlegt sind, werden oft strikt abgelehnt und die Jugendlichen sind bereit, für ihre Freiheit zu kämpfen.
Nichtsdestotrotz haben die Eltern die Verpflichtung, ihr Kind auf das Erwachsenenleben vorzubereiten, wo die Übernahme von Verantwortung und die Selbstkontrolle notwendig sind. Passen Sie daher die Regeln an das Alter des Kindes an. Besprechen Sie diese ausführlich und erklären Sie dem Kind, warum eine bestimmte Regel wichtig ist.

Die Teenager sind sturköpfig, die Eltern manchmal aber auch. Respektieren Sie die Wünsche des jungen Menschen und seien Sie kompromissbereit. Diskutieren Sie gemeinsam über seine Ziele, Pläne und Absichten. Zeigen Sie Interesse und Verständnis. In dieser Phase der Selbstfindung sind die Unterstützung der Eltern und ein liebevoller Umgang besonders wichtig. Die Jugendlichen sind zwischen zwei Welten gefangen. In die alte Kinderwelt gibt es kein Zutritt mehr und für die neue Welt der Erwachsenen haben sie noch keinen Schlüssel. Helfen Sie ihrem Kind diesen Schlüssel in Form von Selbstsicherheit, Verantwortung und Erfahrung zu finden.

10. Umgang mit Konflikten, Problemen und Stress – ohne Schimpfen!

Konflikte, Probleme und Stress gehören zu unserem Leben. Auch im Familienalltag stoßen wir immer wieder auf schwierige Situationen, die unsere Nerven strapazieren und zum Schimpfen verleiten. Wenn die Emotionen überkochen und explosiv an die Umwelt abgegeben werden, sind Konflikte vorprogrammiert. Die Gründe für Konflikte können vielseitig sein: kein Zuhören, keine Akzeptanz, Meinungsverschiedenheiten, Verwirrung sowie Mangel an Aufmerksamkeit.

Zudem verursachen Alltagsprobleme Stress. Wenn unsere Nerven unter Strom stehen, neigen wir besonders leicht zu Konflikten. Konfliktsituationen erhöhen wiederum unseren Stresslevel – ein Kreislauf, der nur schwer zu durchbrechen ist. Folglich ist der beste Umgang mit den Konflikten die Prävention von Stress und ein respektvoller Umgang miteinander. Wenn Sie verstehen möchten, wie ein Konflikt gelöst werden kann, müssen Sie zuerst die Ursache von Konflikt und Stress verstehen. Oft führt allein das Verständnis bereits zu einer Lösung.

Folgende Ursachen können Stress bei Kindern verursachen:

- Schulische und soziale Probleme
- Umzug in eine neue Ortschaft
- Mobbing in der Schule und Gruppenzwang
- Starke Veränderungen im Tagesablauf
- Beginn und Ende des Schuljahres
- Leistungsdruck, vor allem in der Klausur- und Prüfungsphase
- Übermäßiger Medienkonsum, Leidenschaft für aggressive Computerspiele.

Des Weiteren können kleine Kinder Stress bei der Trennung von den Eltern empfinden, z. B. während der Eingewöhnungsphase im Kindergarten oder bei der Einschulung.

Für die Eltern ist es nicht immer leicht zu erkennen, dass das Kind unter Stress leidet. Die **Anzeichen für Stress** können sehr unterschiedlich ausfallen. Die wichtigsten davon sind:

- Stimmungsschwankungen
- Schlafstörungen
- Bettnässen
- körperliche Beschwerden wie Bauchschmerzen und Kopfschmerzen
- Konzentrationsstörungen, die die schulische Leistung drastisch reduzieren können.

Oft ziehen sich die Kinder zurück oder verbringen viel Zeit alleine. Sie vermeiden Kontakt sowohl mit Gleichaltrigen als auch mit ihren Verwandten und Eltern. Kleine Kinder können neue Gewohnheiten entwickeln wie Nägel kauen, an Fingern saugen, ständiges an die Nase fassen oder Lippen beißen. Ein gestresstes Kind kann Albträume und Ängste (z. B. Angst, allein in einem Raum zu sein) oder eine unangemessene Reaktion auf kleinere Probleme entwickeln.

Benimmt sich Ihr Kind ungewöhnlich, gibt es sicherlich einen Grund dafür. Versuchen Sie durch Gespräche herauszufinden, was Ihr Kind belastet. Durch vorzeitiges Ansprechen von Problemen können Sie viele Konflikte im Vorfeld vermeiden.

Nicht immer liegt der Grund für Konfliktsituationen außerhalb der Familie. Auch Beziehungsprobleme zwischen den Familienangehörigen sind ein wahrer Nährboden für Konflikte. Missverständnisse zwischen den Kindern und Eltern sind sowohl in der heutigen Zeit als auch bereits vor Tausenden von Jahren aufgetreten. Konflikte sind menschlich und kommen in jeder Familie vor. Sie sind schwer zu vermeiden, aber durch einige Regeln, lassen sich die meisten Konflikte entweder ganz verhindern oder abmildern.

Versuchen Sie bei vorhandenen Konflikten Ihre Erziehungsmethoden unter die Lupe zu nehmen. Machen Sie alles richtig? Wie fühlt sich Ihr Kind dabei? **Folgende zwei Verhaltensweisen der Eltern machen Auseinandersetzungen mit den Kindern unvermeidbar:**

Helikoptererziehung: Die Straße, der Kindergarten, die Schule, die Menschen und die komplette Welt da draußen sind gefährlich. Es kann jederzeit etwas passieren. Die Eltern werden wahnsinnig allein von der Vorstellung, was alles ihrem Kind zustoßen kann. Vor allem die Eltern von Jugendlichen machen sich Sorgen, dass ihr Kind in eine schlechte Gruppe gerät und Erfahrung mit Zigaretten, Alkohol oder Drogen macht.

Ich denke, es ist unnötig zu erwähnen, dass der übermäßige Erziehungswahn niemals zum Guten führen kann. Entweder gerät das heranwachsende Kind mit seinen Eltern in einen Konflikt, weil es das Gefühl hat, nicht genug Freiheit und Unabhängigkeit zu bekommen oder es wächst willensschwach und unvorbereitet auf sein zukünftiges Leben auf.

Elterliche Diktatur: Keine Widerrede – die Eltern haben das Sagen. Die Erwachsenen denken immer, dass sie klüger sowie erfahrener sind und besser wissen, was das Richtige für ihr Kind ist.

Auch wenn es tatsächlich so ist, sollten Sie Ihrem Kind die Möglichkeit geben, eigene Erfahrungen zu sammeln. Auch wenn Ihr Kind einen Fehler macht, wird es seine Lektion fürs Leben lernen und es beim nächsten Mal besser machen. Spätestens in der Pubertät wird Ihr Kind ein rebellisches Verhalten zeigen und gegen Ihre Vorgaben ankämpfen. Letztendlich führt es dazu, dass zwischen den Eltern und dem Kind ein Konflikt entsteht, der nur mit großer Mühe geklärt werden kann.

Wenn die Mutter der Meinung ist, dass ihr siebenjähriger Sohn um 20 Uhr im Bett liegen soll, ist der junge Mann sicherlich anderer Meinung. Wenn alle in der Schulklasse Videospiele spielen, wird es schwierig sein, dies dem eigenen Kind zu verbieten. Und während die Eltern der Meinung sind, dass Tattoos nur „komische" Menschen tragen, hält ihr Kind die schönen Zeichnungen für Kunst.

Im Laufe der Zeit ändern sich die Lebensansichten. Ein Trend entwickelt sich zu einem anderen, eine gesellschaftliche Norm wird durch eine andere ersetzt. Den Lauf der Dinge können Sie nicht verhindern, aber Sie können die Veränderungen akzeptieren und die daraus resultierenden Konflikte professionell angehen und für alle Familienmitglieder eine passende Lösung finden.

Zuerst müssen Sie Ihrem Kind die Möglichkeit geben, seinen Wunsch und seine Lebensansichten zu verstehen. Ein Beispiel: Ihr Sohn möchte ein neues Spiel für die Spielkonsole kaufen. Bevor Sie mit ihm schimpfen, weil er wieder Geld für die Spiele ausgibt und ihm vorwerfen, dass er sich nicht für die Schule, sondern nur für seine Spielkonsole interessiert, führen Sie ein klärendes Gespräch. Finden Sie heraus, warum er das Spiel kaufen möchte. Hat es jeder in seiner Klasse? Ist das Spiel gerade im Trend und er möchte dem folgen? Wird er vielleicht in der Schule belächelt, weil er als einziger das Spiel nicht hat? Erklären Sie Ihrem Kind, dass das Spiel vielleicht in einigen Wochen nicht mehr so beliebt ist und wenn er es zum späteren Zeitpunkt immer noch haben möchte, kann man darüber noch einmal reden. Dieses Vorgehen zeigt dem Kind, dass die Eltern sich mit seinem Wunsch auseinandersetzen, seine Meinung anhören und ihn nicht einfach abblocken. Versetzen Sie sich in die Rolle des Kindes. Möchten Sie von einer anderen Person immer kontrolliert werden und ihre Macht spüren? Ich glaube wohl kaum. Ja, das Kind muss beaufsichtigt werden, aber keineswegs in allem. Es muss die Möglichkeit bekommen, eine selbstbestimmte und unabhängige Person zu werden. Dies kann nur durch eigene Erfahrungen und das Verteidigen einer eigenen Meinung geschehen. Lassen Sie Ihr Kind seine eigenen Entscheidungen treffen, begleiten Sie es auf dem Weg dorthin. Es ist wichtig, dass Sie mit Ihrem Kind auf gleicher Augenhöhe kommunizieren und es ernst nehmen. Solche Sätze sollten Sie vermeiden: „Du bist noch ein Kind, du hast keine Ahnung, du verstehst es sowieso nicht." Dies wirkt beleidigend und kann beim jungen Menschen Depressionen und Selbstzweifel auslösen. Dieser Zustand kann ihn sein ganzes Leben lang begleiten.

Des Weiteren entstehen viele Konflikte innerhalb der Familien aufgrund der Geschwisterkonkurrenz. In Familien mit vielen Kindern treten Konflikte öfter auf. Denn jedes Kind glaubt, dass die Geschwister mehr Zuneigung, Aufmerksamkeit und Wärme erhalten. Daher fühlen sich Kinder, die in einer großen Familie aufwachsen, oft allein und versuchen mit negativem Verhalten, die Aufmerksamkeit der Eltern zu gewinnen. Durch Streitereien und respektlosem Verhalten versuchen die Geschwister sich gegenseitig auszuspielen. Früher oder später verlieren die geduldigsten Eltern ihre Nerven. Wie Sie mit Konflikten zwischen den Geschwistern umgehen, erfahren Sie ein wenig später.

KOMPROMISSE FINDEN

Die beste und die effektivste Art Konflikte zu lösen, besteht darin, die Bedürfnisse beider Seiten zu befriedigen. Das Zauberwort heißt: Kompromiss. Die Aufgabe der Eltern ist es, nicht nur ihre eigenen Gefühle zu berücksichtigen, sondern auch dem Kind zuzuhören, ihm die Situation zu erklären, Lösungsalternativen gemeinsam zu diskutieren und die akzeptabelste Lösung zu wählen. **Bei Konflikten und Meinungsverschiedenheiten müssen Alternativlösungen gefunden werden. Dafür können folgende fünf Schritte hilfreich sein:**

1. Definition des Konfliktgegenstands

In dieser Phase ist es wichtig, den richtigen Zeitpunkt für das Bearbeiten des Konfliktes und für die Suche nach einer geeigneten Alternativlösung zu finden. Sobald Sie spüren, dass die Situation eskaliert, seien Sie stark und machen Sie Ihrem Kind klar, dass an dieser Stelle ein Schlussstrich gezogen und nach einem Kompromiss gesucht werden muss. Machen Sie dem Kind dabei jedoch keine Vorwürfe. Es ist wichtig für das Verständnis des Kindes, dass die Eltern keinen Konflikt wollen und seine Wünsche auch respektieren.

2. Entwicklung bzw. Findung alternativer Lösungen

Im zweiten Schritt müssen alternative Lösungen gefunden werden. Halten Sie Ihre Ideen und die Vorschläge Ihres Kindes schriftlich fest. Dafür eignet sich Brainstorming hervorragend. Beachten Sie dabei folgende Punkte:

- Lassen Sie zuerst Ihr Kind eine Lösung vorschlagen.
- Geben Sie ihm genügend Zeit zum Nachdenken.
- Seien Sie offen und vermeiden Sie, die Vorschläge des Kindes wertend zu beurteilen.
- Unterstützen Sie Ihr Kind bei der Suche nach Alternativen.
- Sind mehrere Kinder beteiligt, hören Sie alle Vorschläge der Kinder an, unabhängig vom Alter.
- Ziehen Sie die Findung der Alternativlösungen nicht unnötig in die Länge. Die besten Ideen kommen in den ersten zehn Minuten.

3. Analyse und Bewertung alternativer Lösungen

Im dritten Schritt der Kompromissfindung werden die vorgeschlagenen Alternativlösungen analysiert und bewertet. Alle Lösungsvorschläge, die nicht für alle akzeptabel sind, werden aussortiert. In dieser Phase ist es wichtig, dass die Kinder zum Nachdenken animiert und in die Bewertung einbezogen werden.

4. Auswahl und Umsetzung der Alternativlösung

Welche Lösung ist für alle Familienmitglieder akzeptabel und verhindert die Entstehung eines Konfliktes? In dieser Phase wird die Entscheidung getroffen. Fragen Sie jeden Anwesenden ausdrücklich, ob er mit der Lösung einverstanden ist und besprechen Sie den genauen Umsetzungsplan.

5. Bestimmen des Zeitpunkts für die Messung des Fortschritts

Die Reflektion der Kompromisslösung ist für die weiteren Konfliktsituationen sehr wichtig. Was hat gut funktioniert? Wurde der Konflikt gelöst? Sind alle zufrieden? Was können Sie beim nächsten Mal besser machen? Analysieren Sie genau den Fortschritt und den Erfolg der Kompromisslösung und der Bewältigung des Konflikts.

Die Suche nach Alternativen ist eine gute Methode zur Vermeidung sowie Bewältigung der Konflikte. Diese Methode gibt allen Beteiligten das Gefühl, dass ihre Meinung und Bedürfnisse wichtig sind und respektiert werden. Zudem stärkt sie den familiären Zusammenhalt und ermöglicht einen respektvollen Umgang miteinander.

WEITERE TIPPS ZUM VORBEUGEN, REDUZIEREN UND BEWÄLTIGEN VON KONFLIKTEN

Folgende Tipps und Verhaltensweisen helfen Ihnen im Alltag mit Stress und Konflikten besser umzugehen.

- **Nehmen Sie sich Zeit:** Wenn der Stresspegel bis zur Decke steigt, werden die Menschen emotional und können etwas sagen, was sie später bereuen werden. Damit Sie Ihr Kind nicht unnötig mit beleidigenden Worten verletzen, nehmen Sie sich eine kleine Auszeit. So haben Sie die Möglichkeit, Ihren Kopf „abzukühlen" und von den negativen Gedanken zu befreien. Sie gewinnen Zeit, um die Gründe für das Verhalten Ihres Kindes zu analysieren.
- **Werden Sie zum Vorbild:** Bringen Sie Ihrem Kind bei, über seine Gefühle, Emotionen und Erfahrungen zu sprechen. Seien Sie ein Vorbild und lernen Sie selbst, die Ruhe nicht zu verlieren, in einem normalen Ton zu sprechen, nicht nur zu kritisieren, sondern auch zuzuhören und eigene Fehler zuzugeben. Schließlich kopieren die Kinder das Verhalten der Erwachsenen. Werden Sie ein gutes und würdiges Beispiel für die Nachahmung.

- **Aufmerksamkeit lenken:** Diese Methode eignet sich hervorragend bei kleinen Kindern. Wenn Ihr Kind anfängt sich launisch zu benehmen und die Situation zu eskalieren droht, versuchen Sie seine Aufmerksamkeit auf etwas Anderes zu lenken. Wenn es versucht die Wand im Kinderzimmer zu bemalen – geben Sie ihm einen großen Zeichenblock.

  Sie können Ihren Sprössling auch an die Hand nehmen und zu Ihrem Lieblingsbild führen und gemeinsam das Bild betrachten. Einfach „Nein" zu sagen ist zwar einfacher, aber auf diese Art und Weise zeigen Sie dem Kind, dass seine Wünsche keine besondere Rolle spielen und nicht wichtig sind.

• **Beispiele zeigen:** Illustrierte Beispiele wie Bücher oder Filme funktionieren sehr gut als Konflikt- und Lösungsbeispiele. Sehen Sie sich gemeinsam einen Film an oder lesen Sie ein Buch, in dem ein Konflikt beschrieben wird. Besprechen Sie mit Ihrem Kind, wie die Protagonisten aus dieser Situation herausgekommen sind. Fragen Sie das Kind, wie es in der gleichen Situation handeln würde.

• **Gründung eines Familienrates:** Bei älteren Kindern kann die Gründung eines Familienrates helfen. So können Probleme und Konflikte gemeinsam besprochen und Kompromisse gefunden werden. Im Familienrat sollte jedes Familienmitglied seine Meinung äußern können. Es darf nicht unterbrochen werden. Ein Gegenstand (z. B. ein Spielzeug) zum Weiterreichen kann hilfreich sein. Solange ein Familienmitglied das Spielzeug in den Händen hält, darf er reden. Alle anderen sind in dieser Zeit ruhig.

• **Übernahme der Verantwortung:** Bringen Sie Ihrem Kind bei, Verantwortung für seine Handlungen und Entscheidungen zu übernehmen. Hören Sie auf die Meinung des Kindes, stellen Sie ihm Fragen und fragen Sie um Rat - dann wird das Kind das Gefühl haben, dass seine Meinung wichtig ist. So helfen Sie Ihrem Kind auch autonom zu sein und sich als ein Individuum zu fühlen.

• **Kritik vermeiden:** Vermeiden Sie unbegründete Kritik. Fühlen Sie sich wohl, wenn Sie kritisiert werden? Ich denke nicht. Einem Kind, das noch dabei ist, die Welt zu erkunden, tut Kritik, vor allem seitens der Eltern, sehr weh. Wenn Ihr Kind seine künstlerischen Fähigkeiten auf einer Tapete zum Ausdruck gebracht hat, versuchen Sie ruhig zu bleiben. Das Schimpfen hat keine Eigenschaften eines Radiergummis.

Falsch: *„Wenn du noch einmal auf der Tapete malst, wirst du was erleben!" Richtig: „Deine Zeichnungen sind sehr schön! Du bist ein echter Künstler. Ich wäre dir sehr dankbar, wenn du das nächste Mal für deine Kunstwerke Papier verwendest."*

• **Keine körperliche Aggression:** Lassen Sie es nicht zu, dass Ihr Kind seine Wut gegenüber anderen Kindern körperlich äußert. Egal, wie schlecht seine Laune ist, körperliche Aggression wie Schlagen oder Schubsen ist das erste Anzeichen dafür, dass Ihr Kind etwas belastet.

Wenn Ihr Sprössling ein anderes Kind schlägt, handelt es sich um keine Selbstverteidigung, sondern um eine Provokation, die unterdrückt werden muss. Suchen Sie ein Gespräch unter vier Augen und erklären Sie ihm, dass körperliche Gewalt schlecht ist und keinen Platz in unserer Gesellschaft hat. Lehren Sie Ihr Kind, einfühlsam zu sein. Je mehr Empathie das Kind zeigt, desto einfacher ist es, Konflikte zu vermeiden.

• **Konsequenz ist das A und O:** Seien Sie unbedingt konsequent und ziehen Sie an einem Strang. Es ist kontraproduktiv, wenn Mama eine Meinung hat, der Papa aber nicht zustimmt. Wenn es tatsächlich so ist, besprechen Sie Ihre Meinungsverschiedenheiten nicht in Anwesenheit des Kindes.

Wenn das Kind Ihre Nerven strapaziert, bleiben Sie freundlich. Wenn Sie keine Schimpfwörter hören möchten, verwenden Sie diese auch nicht. Wenn Sie das Gefühl haben, kurz vor dem Abgrund zu stehen und sich ein Konflikt anbahnt, ziehen Sie sich einfach für eine Weile zurück. Erklären Sie Ihrem Kind, dass Sie sich mit ihm aktuell nicht einigen können und dass Sie darüber verärgert sind. Versuchen Sie Beleidigungen und Anschuldigungen zu vermeiden. Besprechen Sie die Situation etwas später.

• **Autorität, aber nur in Maßen:** Seien Sie nicht zu autoritär. Ständige Verbote und Vorgaben sind kontraproduktiv. Geben Sie Ihrem Kind eine Wahlmöglichkeit. Akzeptieren Sie auch seine Wünsche.

• **Bleiben Sie bei Ihrer Meinung:** Wenn Sie Ihrem Kind etwas verbieten, sollte Ihre Meinung überzeugend klingen. Erklären Sie mit ruhiger Stimme, dass ein Verbot auch ein Verbot ist. Bleiben Sie bei Ihrem Standpunkt, auch wenn darauf Wutanfälle und aggressive Proteste folgen, lassen Sie sich nicht aus der Ruhe bringen.

- **Bleiben Sie realistisch:** Manchen Sie keine leeren Drohungen wie *„Es gibt einen Monat lang keinen Fernseher!"* Versprechen Sie nichts, was Sie nicht halten können, sonst wird Ihr Kind Sie nicht ernst nehmen.

- **Lernen Sie zuzuhören:** Lassen Sie Ihr Kind in der Konfliktsituation ausreden, auch wenn Sie mit dem, was es sagt, nicht einverstanden sind. Sie können Ihren Standpunkt später erläutern, aber hören Sie vorerst zu, was Ihr Kind Ihnen sagen möchte.

- **Seien Sie nicht nachtragend:** Verwenden Sie in einer Konfliktsituation keine böswilligen Witze und erinnern Sie sich nicht ständig an die vergangenen Konflikte und Fehler Ihres Kindes. Seien Sie nicht nachtragend, sonst wird der Konflikt dauerhaft bestehen bleiben und die Stimmung der gesamten Familie trüben.

- **Regeln und Konsequenzen sind wichtig:** Bringen Sie Ihrem Kind bei, sein Versprechen zu halten und die vereinbarten Regeln nicht zu brechen. Entscheiden Sie gemeinsam, was erlaubt ist und was nicht. Was passiert, wenn man sich nicht an die Regeln hält?

  Wenn Ihr Kind beispielsweise nicht, wie vereinbart, um 20 Uhr ins Bett geht, könnte es am nächsten Tag ein Fernseher- und Spielverbot geben. Der Wortlaut muss klar und eindeutig sein. Vergewissern Sie sich, dass Ihr Kind die Regeln und die daraus folgenden Konsequenzen verstanden hat.

Zu zwischenmenschlichen Konflikten gehören immer mindestens zwei Personen. Konflikte müssen daher immer gemeinsam gelöst werden. Empathie und Verständnis helfen Ihnen dabei.

11. Ein leichteres Familienleben – ohne Schimpfen!

Ein entspanntes, liebevolles und konfliktfreies Familienleben – davon träumen alle Eltern und alle Kinder. Sie haben bereits viele Tipps und Empfehlungen zur Lösung von Konflikten mit auf den Weg bekommen. In diesem Kapitel möchte ich Ihnen noch einige Ratschläge geben, die Ihnen das Leben erleichtern werden.

KINDERERZIEHUNG IM ALLTAG

• **Beziehen Sie die Kinder in die Hausarbeit mit ein.** Sie entlasten sich und geben den Kindern die Möglichkeit, bereits in den jungen Jahren Verantwortung zu übernehmen sowie autonom zu werden. Erstellen Sie für jedes Familienmitglied eine Aufgabenliste. Ein Familienplaner hilft bei der Koordination und Organisation von Aufgaben. Besprechen Sie die Aufgaben und Verpflichtungen mit Ihrem Kind. Wenn es Ihre Erwartungen kennt, entstehen weniger Konflikte.

• **Gemeinsames Kochen stärkt die Bindung zwischen Eltern und Kindern.** Backen Sie einen leckeren Kuchen oder bereiten Sie gemeinsam das Abendessen vor. Lassen Sie Ihr Kind den Tisch decken. So lernt der kleine Sprössling Verantwortung zu übernehmen und kann stolz seine Fähigkeiten zeigen.

- **Nehmen Sie sich bewusst Zeit für Ihre Kinder.** Kein Smartphone, kein Laptop und kein Fernseher – die Zeit gehört nur Ihnen und Ihrem Kind. Basteln Sie gemeinsam etwas Schönes, spielen Sie mit Fingerpuppen, lesen Sie ein spannendes Buch. Ihr Kind wird fühlen, dass Mama und Papa ihre Aufmerksamkeit nur ihm schenken. Sie werden schnell merken, dass sich die Wutanfälle und das Trotzverhalten Ihres Kindes reduzieren werden.

- **Lieber oft und wenig, als selten und viel - räumen Sie gemeinsam mit Ihrem Kind regelmäßig auf.** Am besten vereinbaren Sie einen festen Zeitpunkt zum Aufräumen, zum Beispiel vor dem Mittagessen und Abendessen muss das Spielzeug aufgeräumt sein. Sie können das Aufräumen als ein Spiel gestalten.

Spiel: Stellen Sie den Timer auf fünf Minuten. Schafft Ihr Kind alle Spielzeuge, die auf dem Boden liegen innerhalb dieser Zeit in die Spielzeugkiste zu legen? Sie können gerne auch mitmachen und einen kleinen Wettbewerb veranstalten. Ihr Kind freut sich sicherlich sehr, dass es gewonnen hat.

- Alte Sachen sind wie alte Lasten und trüben die Stimmung im Alltag. **Trennen Sie sich von alter Kleidung und altem Spielzeug.** Verschenken Sie die Sachen an hilfsbedürftige Familien oder verkaufen Sie diese auf dem Flohmarkt. Damit tun Sie etwas Gutes für sich und für die Umwelt.

- **Erstellen Sie eine To-Do-Liste.** Für die Priorisierung der Aufgaben hat sich die Eisenhower-Matrix bewährt. Die Matrix geht auf den 34. US-Präsidenten Dwight David Eisenhower zurück und ermöglicht eine einfache Sortierung der Aufgaben nach zwei entscheidenden Kriterien: Wichtigkeit und Dringlichkeit.

Dabei entstehen folgende **Priorisierungsstufen**:

1. höchste Prioritätsstufe: wichtig und dringend – Diese Aufgaben müssen Sie als erstes erledigen.

2. hohe Prioritätsstufe: wichtig, aber nicht dringend – Diese Aufgaben sind zwar wichtig, können jedoch auch später erledigt werden. Terminieren Sie diese Aufgaben.

3. mittlere Prioritätsstufe: nicht wichtig, aber dringend – In dieser Stufe befinden sich die Aufgaben, die dringend sind, aber keine hohe Wichtigkeit haben. Versuchen Sie diese zu delegieren. Können andere Familienmitglieder Sie bei der Erledigung unterstützen?

4. niedrige Prioritätsstufe: nicht wichtig und nicht dringend – Diese Aufgaben können Sie zunächst ignorieren. Planen Sie das Erledigen dieser Aufgaben zu einem späteren Zeitpunkt ein.

Dank der richtigen Priorisierung gewinnen Sie wertvolle Zeit im Alltag und können diese Ihrem Kind widmen.

- **Planen Sie für alle Aufgaben immer genug Zeit ein.** Das Leben mit Kindern ist unberechenbar, jederzeit kann etwas dazwischenkommen. Ein Zeitpuffer lässt Sie nicht in Hektik geraten. Verplanen Sie nie den kompletten Tag. Lassen Sie ein Zeitfenster offen, damit Sie auf unvorhergesehene Aufgaben reagieren können. Beziehen Sie alle Familienmitglieder in die Aufgaben des Familienalltages ein.

- **Sagen Sie „Nein" zum Perfektionismus!** Wenn es einmal nicht aufgeräumt ist und es nach einer Tiefkühlpizza aus dem Ofen duftet, ist es kein Weltuntergang. Gönnen Sie sich mal einfach einen faulen Tag, den jeder von uns braucht.

SELBSTSTÄNDIGKEIT FÖRDERN

Erzieht man die Kinder in den alltäglichen Situationen, ist es nicht nur authentischer, sondern auch effektiver. Die Kinder können das Gelernte gleich auf eine bestimmte Situation beziehen. Dies erleichtert das Verständnis und führt zum schnelleren Erlernen von Werten und Normen. **Folgende Techniken helfen Ihnen, wichtige Werte an Ihr Kind weiterzugeben und es zu einer autonomen Person zu erziehen.**

1. Ermutigen Sie Ihr Kind

Situation: Die Mutter hat es eilig zum Lebensmittelgeschäft zu gehen. Anne (5 Jahre alt) versucht verzweifelt ihren zweiten Schuh zuzubinden. Ungeduldig schaut die Mutter auf die Uhr. *„Beeil dich doch Anne, bitte, wir müssen noch schnell zum Einkaufen." „Aber Mama, ich schaffe es nicht"*, jammert Anne. *„Wann lernst du es endlich! Beeil dich, wir müssen gehen."* Schließlich beugt sie sich zu ihrer Tochter hinunter und bindet ihr den Schuh zu.

Folge: Anne hat im Wettstreit mit mütterlichen Fähigkeiten verloren und fühlt sich entmutigt. Sie lernt auch, dass sie nur lange genug jammern muss und die Mutter wird alles für sie erledigen. Resultierend wird Anne auch ihr Spielzeug nicht aufräumen- das wird früher oder später die Mutter für sie übernehmen. Konflikte sind vorprogrammiert.

Besser: Ermutigen Sie Ihr Kind trotz Misserfolg weiterzumachen. Helfen Sie ihm, eine Aufgabe selbständig zu erledigen. Unterstützen Sie es, übernehmen Sie aber nicht die Arbeit.

2. Vermeiden Sie übertriebene Fürsorge

Übertriebene Fürsorge wirkt entmutigend. Das Kind wird früher oder später nicht mehr an sich glauben und seine Fähigkeiten in Frage stellen. Versuchen Sie Ihr Kind zu stärken und zu ermutigen, auch wenn es eine

Aufgabe nicht perfekt gemacht hat.

3. Taten sind wirksamer als Worte

Wenn Sie von morgens bis abends Ihrem Kind Vorträge über Verantwortungsübernahme halten, wird Ihr Kind irgendwann resistent und regelrecht „elterntaub". Sie können Ihrem Kind nicht einreden, Verantwortung zu übernehmen- Sie müssen ihm diese geben.

4. Raumwechsel

Ein Raumwechsel kann helfen, den Konflikt schneller zu lösen. Manchmal bringen die Wände des Wohnzimmers mehr Ruhe als die Küchenatmosphäre. Der Ortswechsel kann die emotionale Spannung verringern.

5. Lernen durch logische Folgen

Situation: Leon (2 Jahre alt) spielt am Spielplatz in einer Pfütze. Seine Füße werden nass. Gemeinsam mit seiner Mutter geht er nach Hause, um trockene Kleidung anzuziehen. Als er wieder zum Spielplatz zurück will, sind seine Schuhe immer noch nass. Deshalb muss er zuhause bleiben. Seine Mutter erklärt ihm in einem ruhigen, aber sachlichen Ton: „Es tut mir wirklich leid, wir müssen warten, bis deine Schuhe wieder trocken sind."

Folge: Das Kind versteht, dass es bei bestimmten Taten auch Folgen in Kauf nehmen muss. Die Mutter hat alles richtig gemacht.

EINZELKIND

Das Familienleben mit einem Einzelkind verläuft in der Regel anders als mit mehreren Kindern. Ein Einzelkind wird oft weniger gedrängt, nicht mit den Geschwistern verglichen und genießt die volle Aufmerksamkeit der Eltern. Das enge Verhältnis führt jedoch dazu, dass das Kind sich komplett nach den Eltern ausrichten muss - das Konfliktpotential steigt.

Die Eltern „bemuttern" ihr einziges Kind und versuchen es vor allen Dingen der Welt zu beschützen. Rebellisches Verhalten ist dabei vorprogrammiert.

DAS NESTHÄKCHEN

Das jüngste Kind genießt den Vorteil seiner einzigartigen Stellung in der Familie. Die Kleinsten entwickeln sich oft, aufgrund der vielen Interaktionen mit den Geschwistern, schneller. Dies führt dazu, dass Trotzphasen früher auftreten. Trotz der schnellen Entwicklung erfolgt die Verantwortungsübernahme jedoch durchschnittlich später und die Nesthäkchen werden oft als verwöhnt und frech empfunden.

DAS ÄLTESTE KIND

Das älteste Kind der Familie genießt, zumindest eine Zeit lang, die volle Aufmerksamkeit der Eltern. Und das gefällt ihm. Kommt ein Geschwisterchen auf die Welt, wird das erste Kind in seiner königlichen Stellung „entthront". Diese traumatische Veränderung kann eine enorme Auswirkung auf das Verhalten des Kindes haben. Der Veränderungsgrad hängt meist von dem Altersunterschied der Geschwister ab. Beträgt der Unterschied weniger als fünf Jahre, ist mit negativen Verhaltensweisen zu rechnen.

DAS ZWEITE KIND

Bei zwei Kindern in der Familie entstehen oft viele Konflikte. Denn die Beziehung zwischen dem ersten und dem zweiten Kind ist meist vom Konkurrenzgedanken geprägt. Das jüngere Kind möchte dem Älteren in Nichts nachkommen und in Sachen Zuneigung sowie Aufmerksamkeit der Eltern überholen.

Durch elterliche Erfahrung entfallen die Fehler, die in der Erziehung des ersten Kindes passiert sind. Dies kann sich auf das zweite Kind in zweierlei Hinsicht auswirken. Zum einen kann es passieren, dass die Eltern beim zweiten Kind lockerer sind und ihm mehr erlauben, zum anderen kann die Erfahrung in der Erziehung zu mehr Grenzen und Verboten führen, was wiederum für die Konflikte förderlich ist.

DAS MITTLERE KIND

Bekommt die Familie ein drittes Kind leidet vor allem das zweite Kind. Denn es muss jetzt nicht nur mit dem ältesten Geschwisterkind konkurrieren, sondern nun mit dem jüngsten die Liebe der Eltern teilen. Kommt das Kind mit solch einer Situation nicht zurecht, können Wutausbrüche, Trotzanfälle, Rache und Rebellion die Folge sein.

KONFLIKTE ZWISCHEN GESCHWISTERN

Geschwisterprobleme

Man kann nicht mit und kann nicht ohne – ah ja, die Geschwisterliebe ist schon etwas ganz Besonderes. Der Kampf um Aufmerksamkeit und Liebe der Eltern steht täglich auf dem Programm.

Ich glaube nicht, dass es Menschen gibt, die sich in ihrer Kindheit nicht mit ihren Brüdern und Schwestern gestritten haben. Dies ist auch vollkommen normal und gehört zum Erwachsenwerden dazu.

Es ist wichtig, dass die Geschwister lernen, ihre Konflikte selbständig zu lösen, jedoch gibt es Phasen, in denen die Lösung des Konflikts durch die Eltern nicht zu vermeiden ist. Übernehmen die Eltern die Rolle eines Schiedsrichters, sind einige Regeln zu beachten.

Es ist notwendig, die Konflikte der Kinder ernst zu nehmen, denn auch Geschwisterstreitereien können einen emotionalen Schock verursachen. Daher besteht die Aufgabe nicht nur darin, den Konflikt zu lösen, sondern auch den Kindern beizubringen, aus Stresssituationen selbständig herauszukommen. Diese Fähigkeit ist enorm wichtig und wird ihnen im Erwachsenenalter sehr nützlich sein.

Praktische Empfehlungen

- Fordern Sie die Kinder auf, sich gegenseitig um Erlaubnis zu fragen, bevor Sie ein Spielzeug vom Geschwisterkind nehmen.

- Unterstützen Sie die Kinder dabei, die Grenzen ihres eigenen Territoriums genau zu markieren. Teilen sich die Geschwister ein Zimmer, können ein Teppich oder eine Trennwand als Trennung verwendet werden. Dieses Vorgehen entlastet den „Eigentümer" von der ständigen Gefahr eines ungebetenen Eindringens und reduziert die Konfliktgefahr.

- Oft legen die Kinder in ihrem Subsystem eine Art Hierarchie fest. Wenn die Kinder nicht möchten, dass die Erwachsenen sich in ihren Konflikt einmischen, sollten Sie dies auch akzeptieren. Geben Sie den Geschwistern die Möglichkeit, den Streit selbst zu lösen.

- Die Eltern müssen lernen, die Anzeichen einer emotionalen Belastung bei einem Kind zu erkennen. Jedes Kind hat eine bestimmte Grenze an körperlichen und geistigen Fähigkeiten. Es ist unbedingt erforderlich, die Grenzen des Kindes zu kennen und es vor unerträglichen Belastungen zu schützen.

- Machen Sie sich bewusst, dass es unmöglich ist, ein Kind vor Stresssituationen und vor Konflikten zu bewahren. Es ist viel wichtiger, seine Fähigkeiten zur Stressresistenz zu entwickeln und ihm die notwendige Unterstützung zu geben.

DREI WICHTIGE SCHRITTE ZUR LÖSUNG VON KINDERKONFLIKTEN

Der **erste Schritt** besteht darin, den **Kern des Problems verbal** zu **beschreiben**. Zum Beispiel: *„Wir haben nur ein solches Spielzeug und wir wollen beide damit spielen."* Bei den meisten Geschwisterkonflikten geht es um Konkurrenz und das Gefühl der Ungerechtigkeit. Daher ist es sehr hilfreich, jedes Kind darum zu bitten, den Standpunkt des Konkurrenten zu beschreiben, um sicherzustellen, dass die Situation und die Gefühle des Gegenübers richtig verstanden wurden.

Im **zweiten Schritt** sollte **gemeinsam** eine mögliche **Lösung gefunden** werden. Bitten Sie die Kinder, eine Liste möglicher Lösungswege zu erstellen. Betonen Sie, dass keiner von ihnen mit diesem Spielzeug spielen darf, bis beide eine Einigung erzielt haben. Ermutigen Sie die Kinder folgende Frage zu beantworten: *„Was können wir tun, dass beide zufrieden sind?"*

Der **dritte Schritt** besteht darin, eine **zufriedenstellende Einigung zu erzielen**. Eskaliert der Streit und ist immer noch keine Einigung in Sicht, sollte das Problem im Familienrat besprochen und die Problemlösekompetenz anderer Familienmitglieder genutzt werden.

Die meisten Geschwister kämpfen täglich und mit großer Leidenschaft. Sie streiten um Raum, Spielzeug, elterliche Liebe und Aufmerksamkeit. Welches Programm im Fernsehen angeschaut wird, wer die letzten Süßigkeiten bekommt und wer nun an der Reihe ist, mit dem süßen Haustier zu spielen. Je jünger die Kinder sind, desto geringer sind ihre sozialen und intellektuellen Fähigkeiten, um Konflikte friedlich zu lösen und für beide Seiten akzeptable Kompromisse zu finden. Die Besserung ist erst dann zu erwarten, wenn das jüngste Kind in die Pubertät kommt. Ab dieser Phase fangen die Kinder an, die Bedürfnisse anderer bewusst wahrzunehmen und mit den eigenen Wünschen in Einklang zu bringen.

Merke: Konflikte sind nicht immer schlecht. Wenn eine Konfliktsituation gut gelöst wurde, können alle Beteiligten davon profitieren. Denken Sie daran, Konflikte bringen immer Veränderungen mit sich und ermöglichen den Menschen sich weiterzuentwickeln und zu verbessern. Konflikte regen Neugier und Fantasie an und führen uns aus der Monotonie des Alltags. Wenn der Konflikt erfolgreich bewältigt wurde, kann sich sogar zwischen den Streithähnen eine engere Beziehung entwickeln.

HAUSAUFGABEN - ICH WILL NICHT, DU MUSST

Ein ewiges Streitthema – die Hausaufgaben. Ich will nicht wissen, wie viele Eltern kurz vor dem Herzinfarkt stehen, wenn die Hausaufgabenzeit beginnt. Folgende Tipps helfen Ihnen, diese Zeit zu überstehen:

1. Hausaufgaben sind für Ihr Kind da, nicht für Sie

Hausaufgaben liegen in der Verantwortung des Kindes. Die Eltern können zwar eine unterstützende und motivierende Rolle einnehmen, aber das Erledigen der Hausaufgaben ist definitiv die Aufgabe des Schulkindes. Die Eltern übernehmen oft unbewusst die Rolle des Lehrers. Es ist kontraproduktiv und behindert die Kinder im Lernprozess. Denn die Lehrkräfte haben bestimmte Methoden, wie sie die Inhalte vermitteln. Wenn die Eltern anfangen auf ihre eigene Art und Weise die Schulthemen zu erklären, sind die Kinder oft irritiert. Daraus können sich Konflikte ergeben, weil die Kinder mit unterschiedlichen Lehrmethoden überfordert sind.

2. Die Familie sollte immer eine Familie bleiben, kein Hausaufgaben-Schlachtfeld

Wenn die Situation wegen der Hausaufgaben täglich eskaliert, versuchen Sie die Ursache dafür zu finden. Ist Ihr Kind vielleicht überfordert, weil es bereits in der Grundschule zusätzlich zu der deutschen Sprache das englische Alphabet lernen muss? Geht Ihr Kind zu spät ins Bett? Ist es körperlich müde und kann sich deshalb nicht konzentrieren? Setzen Sie Ihr Kind zu stark unter Druck? Schreien Sie, wenn es Fehler macht?

Bringen Sie Ihrem Kind bei, dass es keine Angst vor Fehlern haben muss. Es ist wichtig, dass Ihr Kind eine gesunde Reaktion auf Fehler und Niederlagen entwickelt. Achten Sie auf einen guten Ausgleich zwischen Lernen und Freizeit. Der Schulstress, den die Schüler täglich erleben, sollte nicht in den eigenen vier Wänden fortgeführt werden.

3. Schon wieder eine Vier!

Bitte, liebe Eltern, schimpfen Sie nicht wegen schlechter Noten. Damit rauben Sie dem Kind die Lust auf die Schule und die Hausaufgaben. Ich verstehe, dass gute Noten wichtig sind - schließlich geht es um die Zukunft des Kindes - aber glauben Sie mir, auch für das Kind ist es nicht einfach, wenn es eine schlechte Note bekommt. Es fühlt sich nicht gut und möchte getröstet werden. Und was machen die meisten Eltern? Genau, sie schimpfen, machen dem Kind ein schlechtes Gewissen und drohen mit einem Schulverweis oder mit der Wiederholung der Klasse.

Es nützt allen mehr, wenn Sie gemeinsam mit Ihrem Kind überlegen, was beim nächsten Mal besser gemacht werden kann. Versuchen Sie den Grund für die schlechte Note zu finden. Hat das Kind Prüfungsangst? Hat es Konzentrationsprobleme? Passt seine Lernstrategie nicht? An jeder Schule gibt es gute Beratungslehrer, die den Schülern bei Lernschwierigkeiten helfen. Gehen Sie gemeinsam mit Ihrem Kind zur Beratung, motivieren Sie es jederzeit und arbeiten Sie lösungsorientiert. Eine schlechte Note gehört der Vergangenheit an, die man sowieso nicht ändern kann. Aber Sie können sehr wohl Ihrem Kind helfen, die zukünftigen Noten positiv zu beeinflussen.

TIPPS FÜR DEN SCHULERFOLG

• **Machen Sie gemeinsam mit Ihrem Kind einen Wochenplan.** Planen Sie die Hausaufgabenzeit fest in den Alltag ein und berücksichtigen Sie Freizeitaktivitäten. Gleich nach der Schule oder in den späten Abendstunden sollten keine Hausaufgaben gemacht werden. Die Zeit zwischen 15 und 17 Uhr eignet sich hervorragend dazu.

• **Sorgen Sie für eine helle und ruhige Lernumgebung.** Ein unordentlicher Schreibtisch und der Fernseher im Hintergrund lenken ab und die Hausaufgaben ziehen sich in die Länge.

• **Achten Sie auf regelmäßiges Lernen.** Es bringt nichts, wenn Ihr Kind ein paar Tage vor der Klassenarbeit Tag und Nacht lernt. Regelmäßiges und strukturiertes Lernen ist das A und O für den Lernerfolg.

• **Sitzen Sie nicht daneben.** Machen Sie Ihrem Kind klar, dass Sie es gern bei Fragen unterstützen, aber es muss die Hausaufgaben selbständig erledigen.

• **Geben Sie Hinweise,** zeigen Sie Ihrem Kind die richtige Richtung, aber sagen Sie keine Lösungen vor. Nur das selbst erarbeitete Wissen bleibt dauerhaft im Gedächtnis.

• **Loben Sie Ihr Kind** – das motiviert und stärkt das Selbstvertrauen. Durch das Loben zeigen Sie Ihrem Sprössling, dass Sie auf ihn stolz sind. Das ist für die Kinder sehr wichtig.

• **Sorgen Sie regelmäßig für Pausen**, frische Luft und Bewegung.

FREIZEITERZIEHUNG

Die Freizeiterziehung ist ein wichtiger Teil des Familienlebens. Die Aufgabe der Eltern besteht darin, dem Kind zu zeigen, wie es seine verfügbare Freizeit sinnvoll nutzen kann. Viele Kinder der heutigen Konsumgesellschaft haben das Problem, dass sie zu viele Spiel- und Beschäftigungsmöglichkeiten haben. Diese Tatsache überfordert die Kinder und sie können sich nur schwer beschäftigen. Die elterlichen Impulse für die Planung der Freizeit unterstützen die Kinder in ihrer Entwicklung.

Das **Hauptziel** der Freizeitgestaltung ist die **Förderung der individuellen Persönlichkeitsentwicklung, Selbstverwirklichung und Lebenszufriedenheit.** Achten Sie deshalb auf Interessen und Vorlieben Ihres Kindes. Ist Ihr Kind eine echte Wasserratte? Wie wäre es mit einem Schwimmverein? Mag Ihr Kind Musik? Sicherlich gibt es in Ihrer Umgebung eine gute Musik- oder Tanzschule. Vereinsleben kann einen enormen Beitrag zu einer guten Kindererziehung leisten. Das Sozialverhalten wird gefördert und die Interaktion zwischen den Kindern gestärkt. Achten Sie jedoch darauf, dass Sie Ihr Kind nicht überfordern. Die Schule, das Treffen mit den Freunden, Familienausflüge und die Mitgliedschaften in vielen Vereinen können für kleine Menschen schnell zu einer Last werden. Manchmal ist weniger, mehr. Ein gesundes Maß bei der Freizeitgestaltung macht das Kind glücklich und fördert seine Entwicklung.

Versuchen Sie Ihr Kind nicht nur sportlich, sondern auch kreativ zu fördern. Gemeinsame Bastelstunden oder ein Malkurs fördern die Kreativität und entspannen die kindliche Seele. Ihr Kind wird gelassener und entspannter, die Konflikte und Wutausbrüche werden reduziert. Zudem fördert die gestalterische Beschäftigung mit unterschiedlichen Materialen die motorischen Fähigkeiten des Kindes. Gemeinsame Ausflüge an der frischen Luft stärken den Familienzusammenhalt und fördern die Gesundheit sowie geistige Entwicklung des Kindes. Beziehen Sie das Kind in die Freizeitgestaltung ein. Lassen Sie es ab und zu das Ausflugsziel aussuchen. So lernt es bereits in den jungen Jahren Entscheidungen zu treffen und Verantwortung zu übernehmen. Achten Sie darauf, dass Ihr Kind sich viel und abwechslungsreich bewegt. Dabei werden unterschiedliche Muskelgruppen und der Kreislauf trainiert. Es gibt kein schlechtes Wetter, nur schlechte Kleidung – lassen Sie sich vom ungemütlichen Wetter nicht abhalten. Äußere Reize wie Kälte oder Nässe tragen zur Abhärtung und Stärkung des Immunsystems bei. Stellen Sie sicher, dass bei starker Sonneneinstrahlung geeignete Sonnenschutzmaßnahmen vorhanden sind. Bei Wanderausflügen sollte auf gute Kleidung und stabile Schuhe geachtet werden. So werden die Bewegungsmöglichkeiten nicht einschränkt und Haltungs- sowie Fußschäden vermieden.

GESUNDHEITSERZIEHUNG

Eingewöhnungsphase in den Betreuungseinrichtungen, häufige Umzüge, Schulstress und zwischenmenschliche Konflikte gehören zu den psychosozialen Belastungen, die die Kinder tagtäglich erleben. Hinzu kommen Bewegungsmangel, hektisches Essverhalten, Fertignahrung, sowie Reizüberflutung durch den übermäßigen Medienkonsum – all diese Faktoren beeinträchtigen bereits die Kleinsten im Alltag und verursachen Konflikte. Bevor Sie wieder mit dem Schimpfen anfangen, weil Ihr Kind sich seine Zähne nicht geputzt hat, versuchen Sie lieber mit Hilfe von Gesundheitserziehung die psychische sowie physische Gesundheit Ihres Sprösslings zu stärken.

Die **Gesundheitserziehung umfasst** die **Ernährung, Bewegung, das psychische Wohlbefinden, die Hygiene, Verhütung von Krankheiten sowie Suchtprävention.** Sie hilft den Kindern ein Bewusstsein für ihren Körper und Geist zu entwickeln und den Zustand ihres Wohlbefindens zu verstehen.

Körperwahrnehmung und Pflege

Dieser Bereich der Gesundheitserziehung ist vor allem für **Kleinkinder und Jugendliche** wichtig. Vermitteln Sie Ihrem Kleinkind die Namen aller Gliedmaßen und der inneren Organe. Kennen Sie das Spiel „Die Körperwanderung"? Dabei ahmen Sie mit Ihrem Zeige- und Mittelfinger die Beine eines kleinen Zwerges nach und begeben sich auf die große Körperwanderung. Ihr Kind soll dabei entspannt auf dem Rücken liegen und Sie „gehen" mit Ihren Fingern von den Zehen bis zum Kopf hoch. Benennen Sie dabei alle Körperteile, die der kleine Zwerg überquert. Die inneren Organe können gut mit allen Sinnen wahrgenommen werden. Wenn das Herz arbeitet, kann man es hören. Wenn der Magen essen will, knurrt er. Zum Sehen brauchen wir Licht – wenn wir die Augen mit den Händen bedecken, sehen wir nichts. Wenn wir unsere Haut tasten, fühlt sie sich weich und warm an. Wenn die kleinen Kinder bewusst ihren Körper wahrnehmen, lernen sie schnell auf ihre körperlichen Bedürfnisse zu achten. Erklären und zeigen Sie Ihrem Kleinkind, was bei der Körperpflege zu beachten ist. Putzen Sie gemeinsam die Zähne, zeigen Sie Glücksgefühle nach einem warmen Bad, bewundern Sie Ihre zarte Haut nach dem Eincremen. Am besten lernen die Kinder durch Nachahmen, Spielen sowie aktives Tun.

Ab der **Pubertät** verändert sich der kindliche Körper enorm. Es kommt zu vermehrtem Schwitzen, Körperbehaarung und die gesamte Körperform ähnelt immer mehr der Form eines erwachsenen Menschen. Schimpfen Sie nicht, wenn Ihr Teenager fünfmal am Tag duschen möchte, neue Frisuren ausprobiert oder die Hautunreinheiten abdecken möchte. Zeigen Sie Verständnis, denn der junge Mensch hat es nicht leicht und muss sich zunächst an seinen neuen Körper gewöhnen. Die Jugendlichen entdecken sich von einer anderen Perspektive. Fragen zu Geschlechtsverkehr, Zärtlichkeit, Schwangerschaft und Geburt stehen nun im Vordergrund und erfordern Aufklärung. Führen Sie mit Ihrem Kind ein aufklärendes Gespräch unter vier Augen durch. Achten Sie darauf, dass Sie die Geschlechtsorgane nicht mit niedlichen Bezeich-nungen, sondern mit offiziellen Namen benennen. Wenn es Ihnen schwerfällt, über das Thema zu reden, gibt es viele unterschiedliche Bücher zum Thema Aufklärung sowohl für die Eltern als auch für die Kinder.

Es ist wichtig zu verstehen, dass Erziehung zur Liebesfähigkeit und zur Körperliebe nur dann gelingt, wenn die Kinder sich zuhause geliebt und geborgen fühlen.

Gesunde Ernährung

Ich möchte Ihnen keinen Vortrag darüber halten, wie wichtig gesunde Ernährung ist. Das wissen Sie sicherlich selbst. Gesundes Essen ist die beste Vorbeugung von Krankheiten und trägt einen großen Teil zu unserem Wohlbefinden und der Lebensqualität bei.

Achten Sie im Alltag auf eine gesunde, abwechslungsreiche sowie bedürfnisorientierte Ernährung, die reich an Vitaminen, Ballast- und Mineralstoffen ist.

Vermitteln Sie Ihrem Kind Folgendes:

- Warum und womit essen wir?
- Welche Lebensmittel und Getränke sind gesund und welche nicht?
- Wie setzt sich eine gesunde Mahlzeit zusammen?
- Wie kann man langsam und achtsam essen?
- Essen heißt Genuss mit allen Sinnen.
- Wie verhält man sich beim Essen (Tischetikette)?

Wie ich bereits erwähnt habe, lernen Kinder am besten durch Nachahmen und aktives Mithelfen. Binden Sie Ihr Kind in die Vorbereitung des Essens aktiv ein. Lassen Sie Ihr Kind ein Gericht auswählen und begleiten Sie es im gesamten Prozess. Gehen Sie gemeinsam einkaufen, bereiten Sie alle Zutaten vor (waschen, schneiden) und lassen Sie es, je nach

Alter, beim Kochen zuschauen bzw. aktiv mithelfen. Decken Sie gemeinsam den Tisch. Genießen Sie langsam das Essen und machen Sie die Mahlzeit zu einem Erlebnis für alle Sinne. Zum Schluss wird das Geschirr gewaschen bzw. in die Spülmaschine eingeräumt. Alle helfen mit.

Psychisches Wohlbefinden

Seelisches Wohlbefinden ist mindestens genauso wichtig wie die körperliche Gesundheit. Die Ich-Stärke sowie die Fähigkeit der Regulation von eigenen Emotionen und Gefühlen helfen mit belastenden Situationen besser umzugehen und Konflikte zu vermeiden.

Erklären Sie Ihrem Kind den Zusammenhang zwischen unterschiedlichen Verhaltensweisen und Gefühlen, die daraus resultieren. Dadurch leisten Sie einen wichtigen Beitrag zur Entwicklung von Empathie und Selbstregulation.

Ihr Kind soll lernen, wie man mit starken Emotionen wie Eifersucht, Neid, Angst, Trauer, Einsamkeit oder Ablehnung umgeht. Achten Sie darauf, dass das Kind viele positive Gefühle empfindet, zum Beispiel bei gemeinsamen Aktivitäten oder bei Festen. Auch regelmäßige Anerkennung und Erfolgserlebnisse stärken das Selbstwertgefühl und motivieren zu Autonomie und Selbständigkeit.

Entspannungs- und Atemübungen, Meditation und Yoga tragen dazu bei, dass das Kind zur inneren Harmonie, Ruhe und Ausgeglichenheit kommt. Geben Sie Ihrem Kind die Möglichkeit zur regelmäßigen Entspannung. In der Ruhe liegt die Kraft. Denn unter Stress steigt das Risiko für Herz-Kreislauf-Erkrankungen. Zudem können Stressereignisse die Selbstkontrolle beeinträchtigen, insbesondere bei Jugendlichen. Chronischer Stress kann zum Ausbruch vieler Krankheiten führen und stressbedingtes impulsives Verhalten kann falsch interpretiert werden (z. B. als ADHS).

Suchtprävention

Bei Stress und vielen Konfliktsituationen sind die Kinder frustriert und suchen nach Ersatzbefriedigungen wie Medienkonsum oder das übermäßige Essen von Süßigkeiten. Auch Langweile kann zum Suchtverhalten beitragen. Deshalb ist es wichtig, dass die Kinder ein aktives Leben führen und lernen, sich selbst zu beschäftigen. Um die Fantasie des Kindes zu fördern, können Sie beispielsweise spielzeugfreie Tage veranstalten. In dieser Zeit kann das Kind seiner Kreativität freien Lauf lassen und sich Spiele aus einfachen Haushaltsgegenständen ausdenken. Während dieser Phase entwickeln die Kinder Organisationsgeschick, Selbständigkeit und Selbstvertrauen. Und Sie, liebe Eltern, können die spielzeugfreie Zeit dafür nutzen, um mit Ihrem Kind intensive Gespräche zu führen, denn das Kind wird nicht durch Spielsachen unnötig abgelenkt. Dies stärkt soziale und kommunikative Kompetenz.

MUSISCHE ERZIEHUNG

Musische Erziehung hat eine enorme Bedeutung für die Entwicklung des Kindes. Wie Sie die musische Wahrnehmung eines Kindes fördern können und welche Auswirkung dies auf das kindliche Verhalten hat, erfahren Sie in folgenden Abschnitten.

Viele Eltern sind der Meinung, dass die Kinder entweder gleich als Musiktalente geboren werden oder sich absolut nicht für Musik interessieren. An dieser Stelle möchte ich widersprechen. Es mag sein, dass manche Kinder eine musikalische Begabung haben und andere nicht, aber jedes gesunde Kind reagiert immer emotional auf die Klänge.

Die Musik beeinflusst die spirituelle Welt des Kindes, fördert seine Kreativität und führt zur inneren Ruhe und Ausgeglichenheit. Wenn sich ein Kind bereits in jungen Jahren in einem musikalischen Umfeld befindet, werden in ihm tiefe Gefühle erweckt und seine geistige Welt dadurch bereichert.

Für die Entwicklung der musischen Wahrnehmung ist es notwendig, eine bestimmte Zeit vorzusehen, um sich mit Musik und Gesang zu beschäftigen. Je öfter Kinder Musik und Lieder hören, desto näher und verständlicher werden für sie die musikalischen Bilder. Musik wird zu ihrem ständigen Lebensbegleiter. **Je früher ein Kind in die Musik eingeführt wird, desto erfolgreicher ist seine Entwicklung in musikalischer Hinsicht.** Kinder, die beispielsweise den Kindergarten besuchen, singen und hören Musik mit großer Begeisterung. Kinder lernen Musik zu verstehen und zu lieben. Fängt man mit musischer Erziehung erst im späten Schulalter an, kann es passieren, dass das Kind sich dabei unwohl fühlt und das Singen sowie Musizieren als peinlich empfindet.

Bereits kleine Babys können mitsingen. Einfache Laute wie la-la-la, da-da-da oder na-na-na lassen sich in jedes Lied einbauen. Versuchen Sie täglich mit Ihrem Kind zu singen. Wechseln Sie zwischen Singen ohne Musik und Singen mit musikalischer Begleitung. Versuchen Sie die Melodie zu variieren, denn Kinder lieben es, vertraute Melodien in einem neuen Klang zu hören und zu erkennen. Große Kinder können dabei unterschiedliche Musikinstrumente verwenden. Singen Sie mit leiser Stimme vor und vermeiden Sie ruckartige Gestik. Es ist wichtig, dass die Strophen aus einfachen, leicht auszusprechenden Texten bestehen. Versuchen Sie den Inhalt des Liedes mit Intonation hervorzuheben. Schlaflieder können Sie ruhig, sanft und leise singen, während lustige Kinderlieder eine gewisse Lebhaftigkeit erfordern.

Bereits im Alter von vier Jahren kann sich ein Kind eine Melodie merken, den Rhythmus sowie die Dynamik der Musik spüren und einfache musikalische Bilder verstehen (z. B. Gewittergeräusche). Es ist interessant zu sehen, wie Kinder unter dem Eindruck der Musik kleine Aufführungen arrangieren: Sie gehen durch den Raum, tanzen und singen. Manchmal halten sie sogar einen Gegenstand vor dem Mund und ahmen einen Sänger nach, der in ein Mikrofon singt. Musik ist ein hervorragendes Mittel zur künstlerischen, moralischen und ästhetischen Erziehung von Kindern. Die Kraft des musikalischen Einflusses auf eine Person ist unbestreitbar. Musik bringt freudige Erfahrungen in das Leben eines Kindes, entwickelt Vorstellungskraft und Kreativität. Musik hilft die überschüssige Energie an die Außenwelt zu transportieren und mit eigenen Emotionen besser umzugehen. Dadurch werden Wutausbrüche und folglich die Konfliktsituationen reduziert. Die Kinder werden ruhiger, einfühlsamer und nehmen ihre Umwelt achtsamer wahr.

Wenn Sie das musische Talent Ihres Kindes fördern möchten, singen Sie regelmäßig die Lieder zuhause, die das Kind auch vom Kindergarten oder der Schule kennt. Es gibt im Internet wunderbare Sammlungen mit vielen bekannten Kinderliedern. Führen Sie Ihr Kind in die Welt der Musik ein. Lassen Sie es unterschiedliche Musikrichtungen kennenlernen und beobachten Sie, welche Gefühle und Emotionen Ihr Kind entwickelt. So wirken beispielsweise klassische Musikstücke auf die meisten Kinder beruhigend. Laute Rocklieder helfen den Teenagern ihre Emotionen durch harte Bewegung loszuwerden. Musik entwickelt zudem den künstlerischen Geschmack, trägt zur Bildung ästhetischer Ideale bei und hilft, das Schöne im Leben zu verstehen. Die Kinder lernen musikalische Werke zu unterscheiden und sammeln eine Menge Eindrücke. Lassen Sie Ihr Kind entscheiden, welches Instrument es spielen möchte. Ist das Kind unschlüssig, können musische Kurse in den Betreuungseinrichtungen oder in den Musikschulen bei der Entscheidung unterstützen. Dort hat das Kind die Möglichkeit, unterschiedliche Instrumente auszuprobieren und seine Vorliebe zu entdecken.

Die psychologischen Grundlagen des Lernens werden gleich nach der Geburt gelegt und manifestieren sich etwa bis zum dritten Geburtstag. Deshalb ist es wichtig, dass Sie Ihrem Kind von Anfang an die Möglichkeit geben, musische Eindrücke zu sammeln. Der Mangel an vollwertigen musikalischen Eindrücken in der Kindheit ist später nur schwer auszugleichen.

12. Gewaltfreie Kommunikation mit Kindern

Das Modell der Gewaltfreien Kommunikation sorgt für ein gutes Familienklima und hilft eine Erziehung ohne Schimpfen in die Tat umzusetzen.

GEWALT - an was denken Sie, wenn Sie dieses Wort hören? Lassen Sie mich raten: Sie denken an körperliche Gewalt. Das tun nämlich die meisten Menschen. Kaum jemand denkt dabei an die psychische Gewalt. Wenn Sie Ihr Kind beleidigen oder mit ihm respektlos kommunizieren, ist es mindestens genauso verletzend wie die körperliche Gewalt. Die seelischen Wunden heilen oft länger als die körperlichen Verletzungen. Der Ursprung für Gewalt jeglicher Art sind Konflikte.

Wie Sie bereits wissen, können Konflikte auf unterschiedliche Ebenen entstehen. Zwischen Eltern und Kindern, Geschwistern und Freunden. Ein Konflikt ist nichts anderes als ein Aufeinandertreffen entgegengesetzt gerichteter Ziele und Bedürfnisse. Einige Konflikte sind von kurzer Dauer, andere können wochen- und sogar jahrelang dauern. Sie verursachen ein unangenehmes Gefühl für alle Beteiligten. Im schlimmsten Fall können ungelösten Konflikte gesundheitliche Schäden verursachen und sich negativ auf die kindliche Entwicklung auswirken.

WARUM IST DIE GEWALTFREIE KOMMUNIKATION IN DER FAMILIE WICHTIG?

Jeder Mensch möchte Anerkennung und Wertschätzung seiner Persönlichkeit erfahren sowie seine Bedürfnisse erfüllen. Treffen unterschiedliche Bedürfnisse und Persönlichkeiten aufeinander, kommt es zu einem konkurrierenden Verhalten und es entstehen Konflikte.

So werden der familiäre Zusammenhalt und die menschlichen Werte einfach vergessen, sobald den Kindern die Eltern mit Ihren Wünschen und Vorstellungen im Weg stehen. Es werden Spannungen aufgebaut, die der ganzen Familie schaden können. Es kommt zwischen den Familienangehörigen zu respektlosem Verhalten und verbaler Aggression. Die Kommunikation auf Augenhöhe ist für ein harmonisches und glückliches Familienleben essentiell. Die Aufgabe der Eltern ist es, die respektvolle Kommunikation nicht nur Ihrem Kind beizubringen, sondern auch selbst zu erlernen und anzuwenden. Denn jede Konfliktsituation kann ohne Schimpfen gelöst werden.

Das Modell der „Gewaltfreien Kommunikation" kann in familiären Auseinandersetzungen unterstützend wirken. Dabei ist das Ziel nicht, konfliktfrei zu leben, sondern aus Konflikten zu lernen, auf diese von einer anderen Perspektive zu schauen und Sichtweisen seiner Mitmenschen zu respektieren.

Marshall B. Rosenberg, ein US-amerikanischer Psychologe, zeigt in seinem Vier-Schritte-Modell, wie Konflikte ohne abwertende Kommunikation und Vorwürfe gelöst werden können.

1. Schritt: Beobachten

In einer Konfliktsituation ist die menschliche Wahrnehmung oft verzerrt. Es ist wichtig, dass im ersten Schritt die Situation objektiv betrachtet wird. Alle Beteiligten sollen ihre subjektive Betrachtung abwerfen und die erlebte Situation sachlich und deutlich schildern. Verzichten Sie dabei auf Verallgemeinerungen wie „Du machst immer alles falsch!""

oder „Du bist nie kompromissbereit!"

2. Schritt: Gefühle

Sobald Sie die Situation objektiv beurteilt haben, schauen Sie auf Ihre Gefühle. Wie fühlen Sie sich in dieser Situation? Empfinden Sie die primären Gefühle, die dann auftreten, wenn grundlegende Bedürfnisse nicht erfüllt werden? Oder handelt es sich um Pseudo-Gefühle, die durch die Interpretation des fremden Verhaltens entstehen (z. B. Vorwürfe und Schuldzuweisungen).

3. Schritt: Bedürfnisse

Nach Marshall B. Rosenberg haben alle Menschen die gleichen Bedürfnisse wie:

- Autonomie und Sicherheit
- Empathie und Selbstverwirklichung
- körperliches Wohlbefinden
- Liebe und Geborgenheit
- Kreativität und Erholung.

Wenn die Bedürfnisse der Gesprächspartner nicht zu vereinbaren sind, kommt es zu einem Konflikt. In diesem Schritt sollen Sie sich Ihrer Bedürfnisse bewusstwerden und versuchen, auf die Bedürfnisse Ihres Gegenübers zu achten.

4. Schritt: Formulierung einer Bitte

Im letzten Schritt geht es darum, eine Bitte an seinen Gesprächspartner zu formulieren. Dabei ist es wichtig, dass Sie Ihre Bitte um das erwünschte Verhalten freundlich und höflich formulieren und nicht als eine Forderung.

Beispiel:

Paul ist 10 Jahre alt und geht in die vierte Klasse. Er hat zurzeit hohen Leistungsdruck, da er in wenigen Monaten sein Übertrittszeugnis für die weiterführende Schule bekommt. Paul lernt viel und schläft vor Aufregung sehr schlecht. Die schulische Situation setzt ihn enorm unter Druck. Er schreit viel, ist gereizt und reagiert auf seine Eltern genervt.

Beobachtung: *„Paul, in den letzten Wochen bist du sehr gereizt und reagierst auf jede Kleinigkeit mit einem Wutanfall."*

Gefühle: *„Das gefällt mir nicht. Ich fühle mich nicht gut und nicht respektiert."*

Bedürfnis: *„Ich möchte mit Respekt behandelt werden und eine liebevolle Kommunikation mit dir führen können."*

Bitte: *„Können wir bitte in Ruhe über die aktuelle Schulsituation reden? Ich verstehe, dass du zurzeit unter großem Leistungsdruck stehst. Ich kann dich gern unterstützen und dir beim Lernen helfen."*

Paul und seine Mutter haben über die aktuelle Schulsituation gesprochen. Die Mutter versucht nun, ihren Sohn mehr zu unterstützen und mental aufzubauen. Paul findet es toll, dass seine Mama ihm so gut hilft. Dadurch fühlt er sich entspannter, ist motivierter und sicher, dass er die Abschlussklasse gut schaffen wird.

Liebe Eltern, nun habe ich für Sie eine kleine **Übung**:

Stellen Sie sich eine **Konfliktsituation** vor, die Sie mit Ihrem Kind kürzlich erlebt haben. Warum ist die Situation eskaliert? Gehen Sie diese noch einmal durch und versuchen Sie dabei, das Vier-Schritte-Modell anzuwenden. Was würden Sie zu Ihrem Kind sagen?

Folgende Fragen helfen Ihnen:

1. Was war der Auslöser für die Konfliktsituation? Versuchen Sie dies objektiv zu beschreiben.

2. Wie haben Sie sich dabei gefühlt?

3. Was hätten Sie sich gewünscht. Beschreiben Sie Ihre Bedürfnisse.

4. Formulieren Sie eine höfliche Bitte.

Wie haben Sie diese kleine Übung gefunden? Versuchen Sie in der nächsten Konfliktsituation nicht gleich zu schimpfen, sondern das Modell der Gewaltfreien Kommunikation anzuwenden. Hören Sie zu und achten Sie nicht nur auf Ihre Bedürfnisse, sondern auch auf die Bedürfnisse Ihres Kindes. Legen Sie Wert auf ein wertschätzendes Miteinander.

13. Gemeinsames, pädagogisch wertvolles Spielen

In Zeiten der smarten Technologien, endloser Fernsehsendungen und sozialen Netzwerken vergessen wir oft, wie wichtig es ist, bewusst die Zeit mit der Familie zu verbringen. Überlegen Sie, wann haben Sie mit Ihrem Kind das letzte Mal einen Spieltag veranstaltet? Es ist sicherlich schon länger her. Die besten und die einfachsten Spiele sind bei vielen Eltern leider in Vergessenheit geraten und verloren ihre Relevanz. In diesem Kapitel möchte ich die guten Spiele aufleben lassen. Denn sie machen nicht nur einen Riesenspaß, sondern bieten eine großartige Möglichkeit, das Gedächtnis, Logik und Reaktionsgeschwindigkeit zu trainieren. Ich habe für Sie die besten pädagogischen Spiele zusammengestellt, die der ganzen Familie einen Schub an Kraft und Positivität geben werden.

AKTIVE SPIELE

1. Spiel „Der Luftballon"

Ziel: Förderung der Motorik und Aufmerksamkeit

Benötigte Materialien: Ein Luftballon

Alter: ab 4 Jahren

Bewegen Sie den Luftballon von einem Raum zum anderen. Sie dürfen den Luftballon nicht mit den Händen berühren und er darf nicht auf den Boden fallen. Sie können auf den Luftballon pusten, ihn mit Nase, Kinn und Knien berühren. Sind Geschwister oder Freunde dabei? Dann können Sie einen Wettbewerb organisieren: Wer schafft den Luftballon schneller zur Ziellinie zu transportieren? Für ältere Kinder kann die Aufgabe erschwert werden, indem Sie auf dem Weg kleine Hindernisse aufbauen.

2. Spiel „Die Schildkröte"

Ziel: Förderung der Motorik und Koordination

Benötigte Materialien: Ein Kissen

Alter: 3 – 7 Jahren

Die Kinder können sich schnell in eine Schildkröte verwandeln, indem sie sich in den Vierfüßlerstand stellen und ein Kissen auf den Rücken legen. Wer schafft es bis zur Ziellinie, ohne das „Schildkröten-Häuschen" unterwegs zu verlieren?

3. Spiel „Der Zauberball"

Ziel: Förderung der Motorik und Konzentration

Benötigte Materialien: Ein kleiner Ball

Alter: ab 5 Jahren

Legen Sie sich Ihrem Kind gegenüber auf den Bauch. Nun wird ein kleiner Ball zwischen den Köpfen platziert. Das Ziel ist es, so aufzustehen, dass der Ball nicht hinunterfällt. Sie dürfen dabei nicht die Hände benutzen.

ENTWICKLUNGSSPIELE

1. Spiel „Die Zauberstifte"

Ziel: **Förderung der Kreativität und Vorstellungskraft**

Benötigte Materialien: **Bunte Stifte**

Alter: **3 - 5 Jahre**

Manchmal erwachen die Stifte aus ihrem Schlaf und stellen sich vor, dass sie in andere Objekte verzaubert werden. So wird Rot zu einer Tomate, Weiß zum Schnee und Gelb zur Sonne. Lassen Sie nun Ihr Kind nach und nach die Stifte in die Hand nehmen und mögliche Objekte benennen.

2. Spiel „Die Farbenlehre"

Ziel: **Bewegung, Farbenlehre, Gedächtnistraining**

Alter: **4 - 7 Jahre**

Sie sagen eine Farbe vor und das Kind muss ein Objekt in dieser Farbe berühren. Sie können dieses Spiel entweder nur in einem Raum spielen (empfehlenswert für kleine Kinder) oder Sie machen die Aufgabe komplizierter und weiten die Suche auf die komplette Wohnung aus. Um das Gedächtnis zu trainieren, können Sie am Ende des Spiels Ihr Kind bitten, alle gefundenen Objekte zu benennen.

3. Spiel „Die Erinnerung"

Ziel: **Konzentration und Gedächtnistraining**

Alter: **4 - 10 Jahre**

Nehmen Sie mehrere Gegenstände (zum Beispiel Puppe, Auto, Kuscheltier, Ball, Würfel usw.) und ordnen Sie diese in zufälliger Reihenfolge an. Bitten Sie Ihr Kind, sich die Anordnung der Gegenstände zu merken und danach die Augen zu schließen. Tauschen Sie nun einen Gegenstand aus oder nehmen Sie ihn ganz weg. Fragen Sie Ihr Kind, was sich verändert hat.

4. Spiel „Märchen erzählen"

Ziel: Förderung der Kreativität und der Sprache

Alter: ab 5 Jahre

Ein lustiges Spiel für Groß und Klein. Nennen Sie zwei Wörter, die vom Sinn her nichts miteinander zu tun haben, zum Beispiel „ein Stuhl" und „eine Tomate". Dann soll Ihr Kind ein Märchen erzählen, in dem diese zwei Wörter vorkommen. Dann tauschen Sie die Rolle. Das Kind nennt zwei Begriffe und Sie erzählen eine Geschichte.

5. Spiel „Wer und Was"

Ziel: Förderung der Kreativität und der Sprache

Benötigte Materialien: Papier, Stifte

Alter: ab 5 Jahre

Fertigen Sie aus Papier kleine Kärtchen an. Schreiben Sie auf jedes Kärtchen eine Frage auf, zum Beispiel „Wer oder was kann schwimmen?", „Wer kann gehen?", „Wer kann sprechen?", „Was kannst du essen?", „Was kannst du kochen?", „Wer oder was kann fliegen?", usw. Nun werden die Karten gemischt. Ziehen Sie aus dem Stapel ein Kärtchen und lesen Sie die Frage vor. Das Ziel ist es, so viele Antworten wie möglich auf diese Frage zu finden.

14. Sie sind ein Vorbild!

Unsere Gedanken und Überzeugungen sind mit Gewohnheiten und Handlungen verbunden, die wir tagtäglich an unsere Kinder weitergeben. Das Verhalten der Eltern ist wie ein Kompass zur Orientierung. In welche Richtung das Kind jedoch gehen wird, hängt folglich stark vom Verhalten der Eltern ab.

Es ist großartig, wenn die Eltern ein Verhaltensmodell vorleben können, das sie auch gern in den Kindern sehen möchten. Aber manchmal passiert es, dass die besten elterlichen Ideen und Vorsätze den Kindern schaden. Ein Beispiel ist, wenn die Eltern panische Angst um ihren Sprössling haben und ihn mit allen Mitteln schützen möchten.

Keiner ist perfekt. Und niemand erwartet von Ihnen, dass Sie alles richtig machen. Es ist nur wichtig zu erkennen, dass Sie immer ein Vorbild für ihr Kind bleiben, was auch immer Sie tun. Wenn Sie wollen, dass Ihr Kind geduldig ist, sollten Sie mit gutem Beispiel voran gehen und die Geduld in Alltagssituationen vorleben - nicht gelegentlich, sondern regelmäßig und konsequent. Möchten Sie, dass Ihr Kind mit viel Freude durch das Leben geht, dann starten Sie den Tag mit einem Lächeln. Wenn Empathie für Sie wichtig ist, dann zeigen Sie auch Verständnis für das Verhalten des Kindes. Wenn Sie ein ausgeglichenes und ruhiges Kind haben möchten, dann hören Sie auf zu schimpfen. Die Ironie des Lebens ist, dass wir selbst bereit sein müssen, uns zu verändern.

- *Wenn ein Kind in ständiger Kritik lebt, lernt es zu verurteilen.*
- *Wenn es verspottet wird, lernt es gefühlslos zu sein.*
- *Wenn es in einer aggressiven Atmosphäre aufwächst, lernt es zu kämpfen.*
- *Wenn ein Kind in Angst lebt, lernt es zu fürchten.*
- *Wenn das Kind von Mitleid umgeben ist, lernt es sich selbst zu bemitleiden.*
- *Wenn das Kind die Toleranz der Eltern spürt, lernt es geduldig zu sein.*
- *Wenn ein Kind gelobt wird, lernt es zu schätzen.*
- *Wenn es Unterstützung erfährt, lernt es selbstbewusst zu sein.*
- *Wenn das Kind sich akzeptiert fühlt, lernt es sich selbst zu respektieren.*
- *Wenn ein Kind in einer liebevollen Atmosphäre lebt, lernt es zu lieben.*

15. Gelassen bleiben als Eltern

Bleiben Sie gelassen!

Wahrscheinlich bin ich nicht die Erste, die Ihnen das sagt und sicherlich ist es einfacher gesagt als getan. Es ist nicht einfach ruhig zu bleiben, wenn das eigene Kind durchs Schreien und Weinen den letzten Nerv raubt. Aber Sie sollten sich zusammenreißen und das Kind unterstützen. Es lohnt sich! Denn das Schimpfen der Eltern erhöht nur die Spannung und verschärft das launische Verhalten des Kindes. Der Zorn und das Schreien der Eltern verursachen im Kind noch mehr negative Emotionen, die sich in einem Wutausbruch den Weg nach draußen bahnen. Versuchen Sie freundlich und ruhig zu bleiben.

Wie kann sich ein Kind beruhigen, wenn Erwachsene selbst nicht in der Lage sind, ihre Gefühle zu kontrollieren? Bleiben Sie in der Nähe Ihres Kindes und geben Sie ihm das Gefühl, dass Sie bereit sind ihm zu helfen - dies ist sehr wichtig für das Kind. Atmen Sie tief durch und achten Sie auf Ihre Stimmlage. Wenn Sie sich nicht beherrschen können und anfangen zu schreien, wird Ihr Kind das Gleiche tun. Deshalb ist das oberste Ziel, gelassen zu bleiben. Wenn es Ihnen nicht gleich gelingt, lassen Sie sich nicht entmutigen. Übung macht den Meister!

Wenn Sie befürchten, dass Sie Ihrem Kind Schaden zufügen könnten, indem Sie zu viel sagen, schaffen Sie einen sicheren Abstand zwischen Ihnen und ihm. Gehen Sie in einen anderen Raum, zählen Sie mehrmals bis zehn, atmen Sie tief durch. So verlassen Sie bewusst den emotionalen Zustand und gewinnen Zeit, um Ihre Nerven zu beruhigen. Hängt der Haussegen immer noch schief? Schnappen Sie sich Ihr Kind und verlassen Sie gemeinsam das Schlachtfeld. Machen Sie einen Ausflug in die Natur, um dem Trubel zu entfliehen. Die Stille und die Geräusche der Natur wirken beruhigend und sorgen für mehr Gelassenheit.

Nehmen Sie sich Zeit für sich selbst!

Vor lauter Sorgen um die Kinder, vergessen die Eltern oft sich selbst. Das Vergessen der eigenen Bedürfnisse wird auf Dauer zum Verhängnis und trägt zu Konflikten im Familienalltag bei. Deshalb ist es enorm wichtig, dass Sie sich auch Zeit für sich selbst nehmen und versuchen, sich regelmäßig seelisch und körperlich zu entspannen.

Empfehlungen zum Stressabbau

- **Machen Sie Yoga!** Durch diese seit Jahrhunderten bewährte Praxis werden Sie gesünder und belastbarer. Yoga verbessert das Wohlbefinden, die Konzentration, die Beweglichkeit und baut wirksam den Stress ab. Sie werden entspannter und gelassener.

- **Gönnen Sie sich täglich mindestens acht Stunden Schlaf.** Wenn Sie zu wenig schlafen, sind Sie leichter reizbar. Langfristig hat der Schlafmangel eine negative Auswirkung auf Ihre Stimmung. Depressionen können die Folge sein.

- **Eines der besten Entspannungsmittel ist die körperliche und kreative Arbeit, bei der Sie Ihre Gedanken organisieren und sich beruhigen können.** Ordnen Sie Kleidung in den Schränken, pflanzen Sie Blumen, spitzen Sie alle Buntstifte oder zeichnen Sie ein schönes Bild. Auch wenn Sie nicht das Talent eines Künstlers haben, nehmen Sie ein Malbuch für Kinder und malen Sie ein Bild aus. Viele Kinder lieben es, beim Malen zuzuschauen und sitzen in diesem Moment ruhig neben den Eltern - die geschätzte Stille entsteht.

• **Fangen Sie mit Fotografie an.** Die Suche nach schönen Motiven lenkt ab und entspannt. Ihre Aufmerksamkeit und Geduld werden trainiert. Durch die Linse nehmen Sie die Umwelt bewusster wahr. Unsere großartige Natur hilft Ihnen, zur Erkenntnis zu kommen, dass die kleinen Sorgen und Probleme unbedeutend sind.

• **Gönnen Sie sich regelmäßig Momente der Entspannung.** Wie wäre es mit einem warmen Aroma-Bad? Wasser hat auf die Menschen eine heilende Wirkung. Es wäscht alle Sorgen weg und lindert Ängste. Öle aus Grapefruit und Basilikum helfen wunderbar, den Stress abzubauen, Depressionen vorzubeugen und seelische sowie körperliche Anspannung loszuwerden.

• **Lesen Sie abends ein spannendes Buch.** Die Geschichte entführt Sie in eine neue Welt und lässt alle Sorgen vergessen. Machen Sie es sich gemütlich auf einem kuscheligen Sofa. Eine Aromakerze mit Lavendelöl beruhigt und hilft nach der Lesestunde entspannt einzuschlafen.

Schlusswort

Es lohnt sich, geduldig zu sein...
„Das ist nur eine Phase" – diesen Satz haben Sie sicherlich schon einmal gehört. Ja, es ist wirklich nur eine Phase, die sowohl jedes Kind, als auch alle Eltern durchmachen müssen. Und jede, auch noch so trotzige Phase geht auf jeden Fall vorbei.

Deshalb lautet die Devise: Geduldig sein! Ihr Kind ist das Wertvollste, was Sie haben. Und Sie sind das Wertvollste für Ihr Kind. Alle Wein- und Wutausbrüche, Trotzphasen sowie freches Verhalten haben nur ein Ziel – Ihr Kind möchte Ihre Liebe, Aufmerksamkeit, Akzeptanz und Ihr Verständnis.

Schenken Sie ihm diese Dinge. Akzeptieren Sie Ihren Sprössling mit all seinen schlechten Stimmungen, Findungsphasen und persönlichen Facetten. Denn Ihr Kind ist großartig!

Vergessen Sie nicht:

„Kinder sind wie Blumen – liebevoller Umgang lässt sie aufblühen...
und die Eltern auch."

Danke

Vielen Dank dafür, dass Sie mein Buch gelesen haben.
Ich hoffe, meine Tipps und Empfehlungen werden Ihnen Ihren Familienalltag erleichtern und Ihnen helfen, ab sofort viel gelassener zu erziehen.

Herzlichst,

Ihre Ann-Kathrin Scholl

Haftungsausschluss

Der Autor übernimmt keinerlei Gewähr für die Aktualität, Korrektheit, Vollständigkeit oder Qualität der bereitgestellten Informationen und weiteren Informationen. Haftungsansprüche gegen den Autor, welche sich auf Schäden materieller oder ideeller Art beziehen, die durch die Nutzung oder Nichtnutzung der dargebotenen Informationen bzw. durch die Nutzung fehlerhafter und unvollständiger Informationen verursacht wurden, sind grundsätzlich ausgeschlossen, sofern seitens des Autors kein nachweislich vorsätzliches oder grob fahrlässiges Verschulden vorliegt. Alle Angaben wurden vom Autor mit größter Sorgfalt und nach bestem Wissen und Gewissen recherchiert oder spiegeln seine eigene Meinung wider. Der Inhalt des Buches passt möglicherweise nicht zu jedem Leser und die Umsetzung erfolgt ausdrücklich auf eigenes Risiko. Es gibt keine Garantie dafür, dass alles genau so, bei jedem Leser, zu genau den gleichen Ergebnissen führt. Der Autor und/oder Herausgeber kann für etwaige Schäden jedweder Art aus keinem Rechtsgrund eine Haftung übernehmen.

Urheberrecht

Impressum

c/o AutorenService24
Wenneberg 14
48653 Coesfeld
www.autorenservice24.de

1. Auflage 2021

Covergestaltung: Wolkenart – Marie-Katharina Becker, www.wolkenart.com
Covermotiv: © verkoka, Gelpi – Shutterstock.com

Printed in Germany
by Amazon Distribution
GmbH, Leipzig

26062064R00075